Moje dziecko

Nie chce jeść

Poradnik nie tylko
dla rodziców niejadków

Autor:
Carlos González

Tytuł oryginalny:
Mi niño no me come

Tłumaczenie:
Jowita Maksymowicz-Hamann

Redakcja i korekta:
Kamila Wrzesińska

Zdjęcie na okładce:
© danmorgan12 - Fotolia.com

Projekt okładki:
Jagoda Zdrojewska

ISBN:
978-83-62829-22-4

Druk:
ScandBook UAB, UE

Grupa Wydawnicza Relacja sp. z o.o.
Słowicza 27a
02-170 Warszawa
www.mamania.pl

Carlos González

Moje dziecko

Nie chce jeść

Poradnik nie tylko
dla rodziców niejadków

mamania

Warszawa 2015

Mojej mamie, która karmiła mnie przy oknie

Podziękowania

Autor dziękuje Maite Fabregat, Joanie Guerrero, Rosie Marii Jové, Margaricie Otero, Cristinie Ros i Pilar Serrano za cenne uwagi do tekstu.

SPIS TREŚCI

WSTĘP

W ostatnich latach zasób wiedzy w zakresie fizjologii apetytu znacznie się powiększył. Zachwyca nas złożony proces regulujący spożycie pokarmów. A tymczasem nie przestaje zaskakiwać ogromna ilość stereotypów dotyczących apetytu dziecka i surowych zasad narzucanych w żywieniu maluchów.

Po raz pierwszy boleśnie doświadczyłam istnienia tych nakazów, będąc świadkiem męczarni mojego braciszka. Miał może ze dwa lata, a ja trzy. Tego popołudnia zajmowała się nami ciocia, bardzo zresztą miła i troskliwa.

Mój brat nie chciał zjeść banana, który był dla niego przewidziany na podwieczorek, więc ciocia wzięła go na ręce, zatkała mu nos, a kiedy musiał otworzyć usta, żeby odetchnąć, beznamiętnie włożyła mu owoc do buzi i powtarzała to, dopóki nie połknął całego owocu, mimo że płakał i próbował jej się wyrwać. Odebrałam to jako akt okrucieństwa, którego celu nie rozumiałam. Gdyby był głodny, to by go zjadł, a skoro nie jadł, to znaczy, że głodny nie był – tyle rozumie nawet trzyletnia dziewczynka.

O stołówce szkolnej też mogłabym co nieco opowiedzieć. Pod stołami, które miały półeczkę pod głównym blatem, można było znaleźć wszystko: najczęściej kawałki chleba, pomarańcze i kiełbasę, ale czasem nawet całe sadzone jajka. Nie wiem, czy dyrektorka o tym wiedziała, czy myślała, że uczniowie szkoły wszystko zjadają… Za to sprzątaczka na pewno doskonale orientowała się, ile dziecko jest w stanie zjeść.

Po wielu latach badań potwierdziłam moje pierwsze wrażenie: to apetyt reguluje proces spożywania posiłków i (przynajmniej u dzieci) robi to w sposób odpowiadający potrzebom danej osoby. Każdy gatunek ma pewne preferencje żywnościowe, które zdają się być określone genetycznie. My też nie jesteśmy wyjątkiem, przynajmniej póki nie przyswoimy sobie stereotypów epoki, w której przyszło nam żyć. Z czasem zaczynamy jeść według najróżniejszych schematów: bo jest post albo Boże Narodzenie, bo chcemy zadowolić teściową albo pochwalić się figurą w bikini... Tymczasem dzieci nie mają z góry określonych założeń na temat tego, ile ani kiedy mają jeść. Nie znają (ani znać nie muszą) zaleceń pediatry ani Światowej Organizacji Zdrowia, nie wiedzą, ile zjada synek sąsiadki. Dlatego niełatwo im zaakceptować surowe reguły, które czasem chcemy im narzucić.

One wiedzą. A my powinniśmy im się przyglądać i uczyć w kwestii jedzenia, a także w wielu innych sprawach. Pewnego razu przed przystawieniem synka do piersi zapytałam go donośnym głosem (tak, żeby usłyszał mnie ktoś, kto z wielką niechęcią tolerował fakt, że karmię go piersią): „Skarbie, chcesz napić się mleka specyficznego dla twojego gatunku, które ewoluowało przez miliony lat, aż stało się idealne dla ciebie, które nie wywoła u ciebie alergii i uchroni cię przed wieloma chorobami?". A on spojrzał na mnie zdumiony i powiedział: „Nieee, cie cisia!".

Książka ta, zarówno przyjemna w lekturze, jak i naukowo ścisła, a zarazem tak pełna szacunku do matek i dzieci, pozwala dostrzec głębszą filozofię relacji rodziców z dziećmi. *Moje dziecko nie chce jeść* zainteresuje nie tylko matki, które marzą o tym, by ich dziecko „ładnie" jadło, ale przede wszystkim dzieci, które marzą o tym, by przyjemnie spędzać z mamą porę posiłku, jak i wszystkie pozostałe pory dnia.

Pilar Serrano Aguayo
Lekarz endokrynolog,
specjalistka ds. żywienia

Wypowiedzi matek w niniejszej książce pochodzą z listów, które nadeszły do kącika porad hiszpańskiego czasopisma *Ser Padres*. Imiona i niektóre inne szczegóły, które pozwoliłyby zidentyfikować ich autorki, zostały zmienione. Bardzo serdecznie dziękuję wszystkim mamom za zaufanie, którym mnie obdarzyły, i za to, że tak wiele mnie nauczyły. Pierwsza wersja opowiadania *Atak Brygady Żywieniowej*, zamykającego niniejszą książkę, została opublikowana w tym samym piśmie w lutym 1998 r.

WPROWADZENIE

CZY JAKIEŚ DZIECKO W OGÓLE JE WYSTARCZAJĄCO DUŻO?

„Moje dziecko nie chce jeść". To zdanie niewątpliwie należy do tych, które pediatra w ciągu swego zawodowego życia słyszy najczęściej. Zimą ten tekst konkuruje jeszcze z kaszlem i katarem, za to latem staje się niekwestionowanym królem przychodni.

Niektóre matki, jak Elena, martwią się tylko trochę:

Mój synek Alberto skończył roczek. Nie je zbyt dużo, muszę go zabawiać, żeby w ogóle coś zjadł, a i tak niemal zawsze coś zostawia. Nie wiem, czy mam powód się martwić, bo jest bardzo żywym i wesołym dzieckiem, a lekarka mówi, że jest zupełnie zdrowy.

Inne, jak Maribel, popadają niemal w rozpacz:

Mam córeczkę w wieku sześciu miesięcy. Kiedy się urodziła, ważyła 2400 g, teraz 6400 g. Kiedy miała pięć miesięcy, pediatra kazała zacząć wprowadzać nowe pokarmy: bezglutenowe produkty zbożowe, mus owocowy itd., ale mała w ogóle nie chce tego musu jeść, a próbuję go podawać codziennie. Nie udaje mi się wcisnąć jej nawet jednej całej łyżeczki i niemal zawsze kończy się to płaczem, co mnie bardzo smuci i denerwuje. Źle się z tym czuję, bo nie wiem, co robię nie tak, nie chcę jej karcić ani zmuszać, ale jeśli tego nie zrobię, to chyba zupełnie nic nie zje. Myśli pan, że powinnam trochę odczekać i spróbować znowu? Za każdym razem, kiedy córka widzi łyżeczkę, od razu się denerwuje. Czuję się winna.

Czy Maribel byłaby spokojniejsza, gdyby jej pediatra, tak jak lekarka Eleny, powiedziała jej, że nie ma powodu do zmartwień i jej córka jest zdrowa? „Brak apetytu" to problem związany z równowagą pomiędzy tym, co dziecko zjada, a tym, co powinno zjeść według oczekiwań jego rodziny. Problem znika wraz ze wzrostem apetytu dziecka lub zmniejszeniem się oczekiwań jego otoczenia. Z reguły nie da się zmusić dziecka, by jadło więcej (i całe szczęście, bo byłoby to niebezpieczne). Celem tej książki jest więc zmniejszenie oczekiwań naszych czytelników tak, by zbliżyły się do rzeczywistości.

TWÓJ PRZYPADEK NIE JEST WYJĄTKOWY

Wyjaśniwszy, że ich dziecko jest niejadkiem, wiele matek dodaje coś w tym stylu: „Wiem, że jest wiele czepialskich matek, które twierdzą, że ich dziecko jest niejadkiem, ale panie doktorze, moje dziecko naprawdę nic nie je, gdyby pan to tylko zobaczył...".

Mylą się podwójnie. Przede wszystkim mylą się, sądząc, że ich dziecko jest jedynym dzieckiem, które nie chce jeść. Ich dziecko nie jest nawet tym, które je najmniej. Droga czytelniczko, w naszym kraju na pewno jest jakieś dziecko, które je mniej niż twoje. (Że niby skąd mam tę pewność? To po prostu kwestia prawdopodobieństwa. Z definicji na świecie jest jedno i tylko jedno dziecko, które „je mniej niż wszystkie inne". Jego matka pewnie nawet nie kupi tej książki. A w najgorszym przypadku i tak mam tylko jedną szansę na wiele milionów, że nie trafię.)

Matki mylą się jednak przede wszystkim, sądząc, że inne mamy są „czepialskie". Żadna nie jest. Te dzieci naprawdę niewiele jedzą (bo mają niewielkie zapotrzebowanie, co wyjaśnimy później), a ich matki są naprawdę poważnie i słusznie zaniepokojone.

Dlaczego tak nas to boli

To logiczne, że matki martwią się o zdrowie swoich dzieci. Jest jednak jeszcze coś, co sprawia, że brak apetytu staje się problemem dużo bardziej niepokojącym niż katar czy kaszel. Z jednej strony matka skłonna jest sądzić (lub wmawia się jej), że to jej wina: że nieodpowiednio przygotowała posiłek, że nie umiała go podać, że nie wychowała odpowiednio dziecka... A z drugiej strony, często traktuje problem w sposób bardzo osobisty, jak pokazuje Laura:

(...) u mojej jedynaczki, która ma osiemnaście miesięcy, problemem jest fakt, że zupełnie nie umie ładnie zjeść. Nieraz mi nerwy puszczają, kiedy wkładam tyle serca w szykowanie jej posiłku, a ona po dwóch łyżkach wszystko wyrzuca. Co mam robić, żeby jadła jak pan Bóg przykazał?

Dziewczynka nie tylko nie ma apetytu, ale na domiar złego śmie „lekceważyć" wysiłki kulinarne matki. Nie wiedziałem jednak, że Bóg wydał jakieś nakazy dotyczące żywienia dzieci. A może Laura chciała powiedzieć „jak pediatra przykazał"?

Niemal wszystkie matki wyrażają to głębokie osobiste zaangażowanie emocjonalne, mówiąc „nie chce *mi* jeść", zamiast „nie chce jeść". Niektóre postrzegają problem jako akt wrogości ze strony dziecka: „Odmawia mi... jedzenia owoców". Wiele matek opowiadało mi, że płaczą przy karmieniu dziecka. I biedne stworzenie znajduje się nagle pośrodku fałszywego konfliktu emocjonalnego. Zamiast rozgrywać się w prostych kategoriach: jesteś głodny/nie jesteś głodny, walka o jedzenie może przekształcić się w pułapkę: kochasz mnie/nie kochasz. Dziecko oskarża się o brak miłości do matki tylko dlatego, że po prostu nie może zjeść więcej. Często też daje mu się do zrozumienia, a nawet mówi bezpośrednio, że jeśli nie zje, mama przestanie je kochać.

One jednak cierpią jeszcze bardziej

Rodziny, a szczególnie matki, cierpią z powodu konfliktów wokół jedzenia. Bardzo cierpią. Jak powiedziała jedna z matek: „To okropne, bać się nadejścia pory posiłku".

A jeśli matka się boi, to co dopiero dziecko? Jak wielkie by nie były twoje obawy, zawsze pamiętaj, że twoje dziecko cierpi jeszcze bardziej. Nie próbuje cię nabrać, nie manipuluje tobą, nie „wie, jak cię podejść", nie testuje granic, nie wykazuje ducha sprzeciwu... Jest po prostu przerażone.

Martwię się o mojego synka (piętnaście miesięcy), bo nie chce jeść. Trzyma jedzenie w buzi, a po pewnym czasie wypluwa, nie połyka i cały czas płacze, przestaje płakać dopiero, kiedy kończę karmienie.

To dlatego, że matka zawsze znajdzie jakieś wyjście, pociechę, nadzieję. Martwisz się, bo twoje dziecko nie chce jeść, boisz się, że się rozchoruje, czujesz presję rodziny i znajomych, którzy przyglądają ci się i twierdzą, że „to dziecko powinno więcej jeść", niemal oskarżając cię, że jesteś wyrodną matką. Czujesz się odrzucona przez dziecko, które z zupełnie niezrozumiałych powodów nie chce zjeść tego, co z taką miłością mu podajesz, i czujesz się winna widząc, jak płacze, a wreszcie boisz się, że robisz mu krzywdę... Ale jesteś też osobą dorosłą, dysponującą szerokimi zasobami inteligencji, wykształcenia i doświadczenia. Możesz liczyć na miłość i wsparcie rodziny i znajomych, którzy najprawdopodobniej stoją w tym konflikcie po twojej stronie. A wychowanie dziecka, mimo że chwilowo może leżeć w centrum twoich zainteresowań, nie jest całym twoim światem. Masz przeszłość i przyszłość, hobby, może zawód. Masz też jakieś, właściwe lub nie, wyjaśnienie zaistniałej sytuacji, wiesz, dlaczego zmuszasz dziecko do jedzenia (chociaż może nie wiesz, czemu ono jeść nie chce), a w chwilach największej rozpaczy nie przestajesz sobie powtarzać, że to wszystko dla jego dobra. Nie tracisz też nadziei, bo wiesz, że starsze dzieci jedzą same, a aktualny etap potrwa tylko kilka lat.

A twoje dziecko? Jaką ma przeszłość, przyszłość, wykształcenie, przyjaźnie, racjonalne wyjaśnienia, nadzieje? Twoje dziecko ma tylko ciebie.

Dla niemowlęcia matka jest wszystkim. Jest uosobieniem bezpieczeństwa, miłości, ciepła, pożywienia. W twoich ramionach dziecko jest szczęśliwe, a kiedy się oddalasz, rozpaczliwie płacze. W obliczu jakiejkolwiek potrzeby, jakiejkolwiek trudności, wystarczy, że zapłacze, a matka natychmiast się zjawi i rozwiąże wszystkie problemy.

Od pewnego czasu jednak coś jest nie tak. Dziecko płacze, bo za dużo zjadło, a matka, zamiast wysłuchać go jak zawsze, zmusza je, by jadło jeszcze więcej. I za każdym razem jest coraz gorzej: łagodne początkowo nalegania szybko przechodzą w krzyki, płacze i groźby. Twoje dziecko nie może pojąć, dlaczego tak się dzieje. Nie wie, czy zjadło więcej czy mniej, niż napisali w książce, niż powiedział pediatra, niż zjada dziecko sąsiadki. Nie słyszało o wapniu, żelazie ani o witaminach. Nie rozumie, że robisz to wszystko tylko dla jego dobra. Wie tylko, że od takiej ilości jedzenia boli je brzuszek, a mimo to wciska mu się jeszcze więcej. Dla niego takie zachowanie matki jest równie niezrozumiałe, co bicie czy wystawienie na noc nago na balkon.

Wiele dzieci spędza całe godziny, czasem nawet sześć godzin dziennie, „jedząc", a dokładniej walcząc z matką nad talerzem pełnym jedzenia. Dziecko nie wie, dlaczego. Nie wie, ile to potrwa (innymi słowy, wydaje mu się, że całą wieczność). Nikt nie przyzna mu racji, nikt nie doda otuchy. Osoba, którą kocha najbardziej na świecie, jedyna osoba, której może zaufać, najwyraźniej zwróciła się przeciwko niemu. Cały jego świat rozpada się na kawałki.

PODSTAWY TEORETYCZNE

Zagadnienie braku apetytu u dzieci pojawia się w wielu książkach i artykułach prasowych. Rad w tym temacie udzielają też liczne kuzynki, koleżanki i sąsiadki. Ich poglądy nie zawsze są zbieżne, a czasem pozostają wręcz diametralnie sprzeczne. Różnice te zwykle wynikają z (nie zawsze wyraźnie sformułowanej) odpowiedzi, której autor udziela na dwa podstawowe pytania:

- Czy dziecko je wystarczająco dużo, czy też powinno jeść więcej?
- Czy dziecko jest ofiarą, czy też winnym zaistniałej sytuacji?

Ci, którzy uważają, że „niejadki" powinny jeść więcej, przypisują tej sytuacji różne przyczyny, a co za tym idzie, proponują rozmaite rozwiązania:

Dyscyplina. W rzeczywistości „winę" ponoszą rodzice, którzy „źle wychowali" dziecko, pozwalając mu kaprysić i stawiać na swoim.
Marketing. Dziecko nie chce jeść, bo źle „sprzedajemy" produkt. Trzeba karmić je w spokojnym, swobodnym otoczeniu, używając zastawy ozdobionej dziecięcymi motywami...
Kreatywna kuchnia. Dziecko jest znudzone monotonną dietą. Należy dbać o zróżnicowanie smaków i konsystencji, szykować atrakcyjne dania: wyrzeźbić z gotowanego ryżu myszkę z uszami z szynki, a na purée ziemniaczanym wymalować z oliwek i słodkiej papryki buźkę pajaca.
Fizjoterapia. Od urodzenia codziennie należy masować policzki dziecka, by „stymulować i wzmacniać" mięśnie odpowiedzialne za przeżuwanie.
Filozofia wolności jednostki. Dziecko nie chce jeść, ponieważ musi umacniać w sobie ducha sprzeciwu wobec tych, którzy je do tego zmuszają. Należy przestać je zmuszać, a wtedy zacznie jeść więcej.

Nie zgadzam się z żadną z tych teorii. Filozofia wyłożona w tej książce jest bardzo podobna do teorii, którą nazwałem tu *wolnością jednostki*, jest jednak jedna podstawowa różnica: nie sądzę, by dziecko zaczęło więcej jeść, kiedy przestanie się je zmuszać, bo nie sądzę, by potrzebowało więcej pożywienia. Prawdą jest, że czasem dzieci jedzą wtedy trochę więcej i rzeczywiście spotkałem kilkoro dzieci, które nagle zyskały na wadze, kiedy przestano je zmuszać do jedzenia. Było to jednak tylko 100 czy 200 gr, a efekt potrwał ledwie kilka dni. Co mnie zresztą w ogóle nie dziwi, bo jestem przekonany, że nawet naturalny pęd do sprzeciwu wobec zmuszania nie sprawi, że dziecko będzie jadło znacznie mniej, niż potrzebuje. Będzie to co najwyżej kilka kęsów „opóźnionego głodu", które szybko nadrobi.

Idei niezmuszania dziecka do jedzenia, która jest centralną osią tej książki, nie należy więc rozpatrywać w kategoriach „sposobu na zaostrzenie apetytu", lecz należy ją pojmować jako wyraz miłości i szacunku dla naszego dziecka. Jeśli przestaniemy je zmuszać, będzie jadło dokładnie tyle samo, co dotąd, unikniemy jednak cierpień i walk, które do tej pory towarzyszyły posiłkom.

Jeśli chodzi o drugie pytanie, czy dziecko jest ofiarą czy winnym, wielu autorów twierdzi, że „niejadek" ćwiczy swój charakter, testuje granice, uzyskuje jakieś korzyści czy manipuluje rodzicami. Nie zgadzam się z tym w najmniejszym stopniu i uważam, że dziecko jest głównym poszkodowanym sytuacji, w której wcale nie chciało się znaleźć. Przyjrzyjmy się na przykład następującemu opisowi Brennemana (1932), który szanowany pediatra angielski, Illingworth, cytuje słowo w słowo w swojej książce *The normal child* (1991)[1]:

„W niezliczonych domach rozgrywa się codzienna bitwa. Z jednej strony naprzód posuwa się armia, chwaląc, naśmiewając się, nakłaniając, przymilając się, oszukując, schlebiając, błagając, zawstydzając, karcąc, burcząc, grożąc, przekupując, karząc, pokazując i opisując zalety posiłku, płacząc lub udając płacz, robiąc z siebie głupka, śpiewając piosenki, opowiadając bajki, pokazując książeczki z obrazkami, włączając radio, grając na tamburynie za każdym razem, gdy jedzenie ląduje w buzi, z nadzieją, że przesunie się dalej w dół, a nie wróci z powrotem na zewnątrz, zmuszając nawet babcię do tańczenia tańców ludowych (wszystkie te procedury spotykamy często i obserwujemy na co dzień)."

Jak dotąd, zgadzam się całkowicie. Dalej powiedziałbym mniej więcej: „A z drugiej strony, biedne dziecko broni się najlepiej jak umie, zamykając usta, robiąc z jedzenia kulkę i przetrzymując je w buzi lub wymiotując". Brenneman jednak postrzega sytuację w zupełnie inny sposób:

„Z drugiej strony mały tyran broni twierdzy, nie chcąc się poddać lub kapitulując na własnych warunkach. Dwa najpotężniejsze elementy jego arsenału obronnego to wymioty i strata czasu."

Dlaczego tyran? W tym konflikcie to dziecko zawsze cierpi najbardziej. Co z tego, że jakiś dzieciak zamiast mięsa i warzyw w końcu dostanie jogurt truskawkowy? Dzieci mają sto wygodniejszych i przyjemniejszych sposobów na to, by dostać jogurt truskawkowy – naprawdę uważasz, że ponad półtoragodzinna walka z własną matką, plucie, płacze, krzyki i wymioty to tylko „przedstawienie" odgrywane po to, żeby dostać jogurt truskawkowy?

CZĘŚĆ PIERWSZA

PRZYCZYNY

ROZDZIAŁ 1

JAK TO SIĘ WSZYSTKO ZACZYNA?

PO CO WŁAŚCIWIE JEMY?

Moja matka zwykła mawiać, że Bóg mógłby nas stworzyć tak, żebyśmy nie musieli jeść. Stając codziennie wobec wiecznego dylematu: „Co dzisiaj zrobić na obiad?", muszę przyznać jej całkowitą rację.

Strasznie to uciążliwe, to prawda. Ale tak już jesteśmy zbudowani: musimy jeść. Zastanawiałaś się kiedyś, po co?

Nie zagłębiając się zbytnio w dywagacje filozoficzne, możemy uznać, że jedzenie pełni trzy podstawowe funkcje: jemy, żeby utrzymywać się przy życiu, rosnąć (albo tyć) i żeby się poruszać.

Żeby się utrzymać przy życiu. Nasze ciało potrzebuje dużej ilości jedzenia tylko po to, by podtrzymywać swoje funkcje życiowe. Choćbyśmy spali przez dwadzieścia cztery godziny na dobę, choćby nasz okres wzrostu dawno się zakończył, i tak potrzebowalibyśmy pożywienia.

Żeby rosnąć albo tyć. Nasze mięśnie i kości, krew i tłuszcz, nawet włosy i paznokcie zbudowane są z tego, co jemy.

Żeby się poruszać, pracować, bawić się... Do poruszania potrzebna jest energia. Wszyscy wiedzą, że sportowcy czy górnicy mają większe zapotrzebowanie na pożywienie niż pracownicy biurowi, i że ćwiczenia fizyczne zaostrzają apetyt.

JAKIE ZAPOTRZEBOWANIE NA JEDZENIE MA DZIECKO

Po co jedzą dzieci?

Żeby utrzymywać się przy życiu. Ilość pożywienia, którego potrzebuje zwierzę, niezależnie od jego aktywności i wzrostu, zależy przede wszystkim od jego wielkości. Słoń je więcej niż krowa, a krowa więcej niż owca. Jeśli kupujesz psa, uważaj przy doborze rasy: owczarek niemiecki je dużo więcej niż pudelek.

Gdyby dzieci nie rosły, potrzebowałyby dużo mniej pożywienia niż dorośli, bo są dużo mniejsze.

Żeby się poruszać. Małe dzieci dużo się ruszają i często słyszy się teksty w stylu „nie wiem, skąd on bierze tyle energii, skoro tak mało je" albo „nic dziwnego, że nie przybiera na wadze, wszystko spala".

Jeśli się jednak dobrze zastanowimy, zauważymy, że wiele dzieci wcale tak dużo się nie rusza. Noworodki poruszają się w niewielkim stopniu, a roczniaki chodzą krótko i powoli. Wszędzie się je nosi na rękach albo wozi w wózku. Nie wykonują prawdziwej pracy, nie noszą ciężarów (a nawet własnego ciężaru; na pokonanie tego samego dystansu dorosły zużywa dużo więcej energii niż dziecko, bo przemieścić 10 kg i 60 kg to nie to samo). „Od samego patrzenia można się zmęczyć", to prawda, ale małe dziecko podczas zabawy na pewno nie zużyje tyle energii, co gospodyni domowa na zakupach.

Żeby rosnąć. Im szybciej dziecko rośnie, tym więcej pożywienia potrzebuje. Przy czym dzieci nie rosną cały czas w tym samym tempie.

W jakim okresie człowiek rośnie najszybciej? Przed urodzeniem. W ciągu zaledwie dziewięciu miesięcy jedna komórka, ważąca dużo poniżej jednego grama, przekształca się w dorodne niemowlę o wadze 3 kg. Na szczęście w tym okresie nie trzeba go karmić, jako że całe pożywienie dociera do niego automatycznie, „dożylnie", za pośrednictwem łożyska.

W okresie po narodzinach wiele osób uznaje, że okresem najszybszego wzrostu jest okres dorastania, słynnego „wyciągania się" dzieci. Jednak nie jest to prawdą. W okresie dorastania nastolatek rośnie zwykle o mniej niż 10 cm i 10 kg rocznie. Tymczasem w ciągu pierwszego roku życia niemowlę rośnie 20 cm i przybiera 6-7 kg (czyli niemal potraja swoją wagę, a powtórzy ten wyczyn dopiero, gdy skończy 10 lat). Z wyjątkiem życia płodowego, człowiek nigdy nie rośnie tak szybko, jak w pierwszym roku życia. (Wszystkie te liczby to zaokrąglone i uśrednione dane, każde dziecko jest inne, więc niech nikt się nie wystraszy, jeśli jego dziecko różni się od nich o parę kilogramów czy centymetrów.) Obliczono, że przez pierwsze cztery miesiące życia dzieci przeznaczają na wzrost 27 procent tego, co zjadają[2]. W wieku 6-12 miesięcy zużywają na to tylko 5 procent przyjętego pokarmu, a w drugim roku życia zaledwie 3 procent. To właśnie z powodu szybkiego wzrostu niemowlęta tak dużo jedzą. Gdyby nie rosły, ich niewielkie rozmiary i skromna aktywność fizyczna wymagałyby dużo mniejszych porcji.

Twierdzę, że niemowlęta dużo jedzą? Jeśli mi nie wierzysz, zróbmy małe ćwiczenie. Załóżmy, że dziecko nie rośnie, i że potrzebuje tylko takiej ilości pożywienia, która jest proporcjonalna do jego rozmiarów. Czyli dziecko ważące 30 kg będzie jadło dwa razy tyle, co 15-kilogramowe, ale połowę tego, co dorosły o wadze 60 kg (proporcje te nie są dokładne, niech się nie oburzają specjaliści od żywienia. W rzeczywistości małe zwierzęta jedzą proporcjonalnie więcej niż duże. Chcę tu tylko przedstawić graficznie związek rozmiarów i apetytu).

Zgodnie z taką proporcją, jeśli niemowlę pije ok. ¾ litra mleka dziennie, kobieta o wadze 50-60 kg powinna wypijać jakieś 10-12 razy więcej, czyli od 7,5 do 9 litrów mleka dziennie. Dałabyś radę tyle wypić? Na pewno nie. Jak na swój rozmiar, twoje dziecko zjada dużo więcej niż ty. Dużo, dużo więcej. A różnica ta wynika w sporym stopniu z faktu, że twoje dziecko rośnie, a ty nie.

JEŚĆ, ŻEBY ŻYĆ, CZY ŻYĆ, ŻEBY JEŚĆ

Jednym z największych mitów dotyczących żywienia jest przekonanie, że „musisz jeść, żeby urosnąć duży". Jednym słowem, wielu ludzi sądzi, że wzrost jest konsekwencją odżywiania, tymczasem tak nie jest. Tylko w przypadkach prawdziwego niedożywienia dochodzi do zaburzeń wzrostu. Jeśli kupisz pudla, jego utrzymanie nie będzie cię wiele kosztować, za to kupując owczarka niemieckiego, wydasz fortunę na karmę dla psów. Czy sądzisz, że jeśli będziesz dawać pudlowi więcej jedzenia, wyrośnie z niego owczarek niemiecki?

Tak naprawdę nie rośniemy dlatego, że jemy, ale jemy dlatego, że rośniemy. Rozmiary i budowa ciała owczarka niemieckiego i pudla są głęboko zakorzenione w ich genach i każde zwierzę musi zjadać ilość pożywienia odpowiednią do tego, by osiągnąć swoje zwykłe rozmiary – ni mniej, ni więcej. To samo dzieje się w przypadku ludzi: osoba, która będzie wysokim i korpulentnym dorosłym, zawsze będzie jeść więcej niż ktoś, kto będzie niski i szczupły.

Dziecko w wieku 1-6 lat, które rośnie powoli, je proporcjonalnie mniej niż w wieku sześciu miesięcy czy dwunastu lat, w okresie intensywnego wzrostu. Ile jedzenia byś mu nie podała, absolutnie, ale to absolutnie niemożliwe jest, by dwulatek rósł tak szybko, jak dziecko w wieku sześciu miesięcy czy piętnastu lat. W drugą stronę owszem, głodząc dziecko można sprawić, że urośnie trochę mniej, ale efekt będzie niewielki, chyba że będzie naprawdę niedożywione. Wiadomo na przykład, że w ostatnich dziesięcioleciach zwiększył się wzrost rekrutów, co częściowo wynika ze zmian sposobu odżywiania, jednak różnica pomiędzy żołnierzami wychowanymi w czasie wojny i głodu, a tymi, którzy korzystali ze wszystkich przywilejów lat siedemdziesiątych wynosi zaledwie kilka centymetrów.

Ostateczny wzrost dorosłego człowieka zależy przede wszystkim od jego konstrukcji genetycznej, a tylko w niewielkim stopniu od odżywiania. Wysocy rodzice częściej mają wysokie dzieci. Szybkość wzrostu w danym okresie zależy natomiast głównie od wieku, a tylko w niewielkim stopniu od genów. Dziewczynka w wieku trzynastu lat będzie rosła szybciej niż trzylatka, jak niska nie byłaby jej rodzina. I będzie bardziej głodna.

DLACZEGO NIE CHCĄ JEŚĆ WARZYW

Moja siedmiomiesięczna córka za nic nie chce jeść warzyw.

Wcale mnie to nie dziwi. Mój ojciec, który ma osiemdziesiąt dziewięć lat, nigdy w życiu nie jadał gotowanych warzyw (chyba że zaliczymy do nich sos pomidorowy). Jada tylko niektóre surówki. Zanim się ożenił, ze względu na pracę zawodową spędzał dużo czasu, mieszkając na pensjach, i zawsze opowiadał kucharce, że ma wrzody żołądka i lekarz zabronił mu jedzenia warzyw. Mimo że taka dieta wydaje się nieprawdopodobna, z reguły udawało mu się namówić ją, żeby zrobiła „choremu" specjalny omlet. Na skutek tej niechęci u mnie w domu nigdy nie jadano warzyw, bo mama nawet ich nie kupowała. Ponieważ ze wszystkich ludzi, których znam, mój ojciec jest osobą, która najbardziej nie cierpi warzyw, kiedy zbierałem dokumentację do tej książki, zapytałem go o powód. Odpowiedź była następująca: „Dlatego, że mi je wmuszali. Matka nakładała warzywa i im dłużej jej mówiłem, że nie chcę, tym bardziej mi je wciskała, aż za karę szedłem spać bez kolacji". Nawet podczas wojny, dodał ojciec, nikt nie mógł go zmusić do zjedzenia warzyw podczas posiłku, a raz spędził trzy dni bez jedzenia, bo nie było nic innego oprócz warzyw.

Na początku XX wieku (patrz dodatek „Trochę historii") owoce i warzywa wprowadzano do diety dzieci bardzo późno, w wieku dwóch-trzech lat, i z dużą ostrożnością. Dzieci radziły sobie bez nich doskonale, bo piły mleko matki, które zawiera wszystkie potrzebne witaminy. Wraz z rozpowszechnieniem sztucznych mieszanek mlecznych dzieciom zaczęło witamin brakować (bo dodanie ich do mieszanek zajęło producentom całe dziesięciolecia) i trzeba było zacząć wcześniej wprowadzać owoce i warzywa. Pojawił się jednak problem: ich niewielka wartość energetyczna.

Małe dzieci mają jeszcze mniejszy żołądek. Potrzebują skoncentrowanych posiłków, zawierających dużo kalorii w niewielkiej objętości. Jest to jeden z powodów niedożywienia dzieci. W wielu krajach niedożywienie dotyka dzieci, dorosłych natomiast nie. Byłoby błędem sądzić, że dorośli zjadają wszystko, nic nie zostawiając dzieciom; rodzice (a przede wszystkim matki, bo nawet tu widać różnicę) zajmują się swoimi dziećmi tak samo dobrze tu, jak na antypodach. Matki chętnie rezygnują z własnego posiłku, by nakarmić dzieci, problem w tym, że często jedyne dostępne pożywienie to warzywa i bulwy, zawierające dużo błonnika, a mało kalorii. Dorośli mogą zjeść wystarczającą ilość, bo mają dość duże żołądki. A jeśli je się dość dużo, każdy produkt spożywczy pozwala przybrać na wadze. A małe dzieci, nawet gdyby bardzo się starały, nie mogą zjeść wystarczającej ilości warzyw, bo nie mieszczą im się w żołądku. Mleko matki ma 70 kcal (kilokalorii, które wiele osób nazywa jednak po prostu „kaloriami") na 100 g, gotowany ryż 126 kcal, gotowany groch 150 kcal, kurczak 186 kcal, banan 91 kcal... za to jabłko zawiera 52 kcal na 100 g, pomarańcza 45, gotowana marchewka 27, gotowana kapusta 15, gotowany szpinak 20, fasolka szparagowa 15, a surowa sałata 17 kcal w 100 gramach. I to zakładając, że są dobrze odsączone, bo zupa czy przecier zawierający wodę z gotowania warzyw są jeszcze mniej pożywne.

Kilka lat temu pewien naukowiec[3] zainteresował się tematem i przebadał przeciery mięsno-warzywne szykowane dla dzieci przez grupę matek z Madrytu – średnia wartość kaloryczna wynosiła 50 kcal na 100 g. Średnia, bo niektóre zawierały zaledwie 30 kcal na 100 g. A mowa tu o przecierach zawierających mięso, więc wyobraź sobie, co się dzieje w przypadku samych warzyw. Jeszcze się dziwisz, że dziecko woli pierś niż przecier? Jeszcze wierzysz, że „to dziecko musi jeść więcej pokarmów stałych, bo na samej piersi nie będzie przybierać na wadze"?

Jeśli zostawi się je w spokoju, małe dzieci zwykle nie wykazują całkowitej odrazy wobec warzyw. Nie smak jest tu problemem. Co więcej, dzieci z reguły dobrze przyjmują niewielką ilość warzyw, bogatych w różne istotne witaminy i minerały. Ale ich zwykła dawka wynosi najwyżej kilka łyżeczek. A ponieważ warzywa są takie „zdrowe", niektórym dzieciom daje się cały talerz. A już szczyt wszystkiego to podawanie tych warzywnych dań zamiast piersi czy butelki, które zawierają trzy razy tyle kalorii albo jeszcze więcej. „Chcą mnie tu zagłodzić", myśli dziecko, nie mogąc wyjść ze zdumienia, i oczywiście nie chce jeść takiego „byle czego". Tu zaczyna się walka, na skutek której dziecko może tak zrazić się do warzyw i owoców, że nie będzie ich jadło nawet później, kiedy urośnie i zaczną mu się mieścić w żołądku.

WIELE DZIECI PRZESTAJE JEŚĆ PO SKOŃCZENIU ROKU

Jak zauważyliśmy, w porównaniu do swoich rozmiarów niemowlęta jedzą dużo więcej niż dorośli. Oznacza to, że w procesie dorastania wcześniej czy później muszą zacząć jeść mniej. Ku zdumieniu i przerażeniu wielu matek chwila ta nadchodzi raczej wcześniej niż później. Dzieci zwykle „przestają jeść" w okolicach pierwszych urodzin. Niektóre przestają jeść już po skończeniu dziewięciu miesięcy, inne „wytrzymują", aż skończą półtora roku czy dwa lata. Niektóre nigdy nie przestają jeść, gdy tymczasem inne „nigdy nie jadły, już od urodzenia".

Powodem tych zmian, zachodzących około pierwszych urodzin, jest spadek tempa wzrostu, o którym już mówiliśmy. W pierwszym roku życia dzieci przybierają na wadze i rosną szybciej, niż w jakimkolwiek innym okresie życia po narodzinach. W drugim roku życia natomiast wzrost jest dużo wolniejszy: około 9 cm i parę kilo wagi. W związku z tym, z trzech podstawowych celów wydatkowania energii, wzrasta zapotrzebowanie na energię konieczną do poruszania się, bo dziecko jest bardziej ruchliwe, wzrasta też zapotrzebowanie na energię konieczną do utrzymania się przy życiu, bo dziecko jest większe. Następuje jednak ogromny spadek zapotrzebowania na energię wydatkowaną na wzrost, w związku z czym dziecko potrzebuje takiej samej lub mniejszej ilości pożywienia. Z obliczeń ekspertów wynika, że dzieci półtoraroczne jedzą odrobinę więcej niż dziewięciomiesięczne, ale jest to tylko liczba średnia i wiele półtoraroczniaków w rzeczywistości zjada mniej niż w wieku dziewięciu miesięcy. Rodzice, nie wiedząc o tym fakcie, rozumują w sposób pozornie logiczny: „Jeśli w wieku jednego roku zjada tyle a tyle, w wieku dwóch lat będzie jadł dwukrotnie więcej". Efekt: matka, która stara się podać podwójną porcję dziecku potrzebującemu połowy tego albo nawet mniej. Konflikt jest nieunikniony i gwałtowny.

Ponadto niektóre niemowlęta jadają bardzo rozwodnione pokarmy, przeciery warzywne i musy owocowe. Kiedy w końcu podaje im się dużo bardziej pożywne pokarmy, takie jak makaron, kurczak, frytki, chleb czy groch, oczywiście potrzebują dużo mniejszej ilości.

Do kiedy dzieci nie jedzą? Sytuacja zwykle jest przejściowa. Stosując się do rad babć, sąsiadek i pediatrów, matki zwykle ufają, że dziecko „samo się zmieni". Dzięki czemu wiele dzieci, w wieku około 5-7 lat, zaczyna jeść nieco więcej na skutek wzrostu masy ciała. Ten niewielki wzrost nie zawsze jednak wystarcza, by spełnić oczekiwania ich rodzin. Z jednej strony, każdy ma inne zapotrzebowanie na pożywienie, więc niektóre dzieci jedzą dużo więcej lub dużo mniej niż ich koledzy w tym samym wieku i podobnego wzrostu. Z drugiej strony, oczekiwania rodziców też bywają bardzo zróżnicowane: niektórym matkom wystarczy, jeśli dziecko skończy talerz klusek, inne oczekują, że do tego wchłonie jeszcze befsztyk z ziemniakami, banana i jogurt. Z takiego czy innego powodu wiele dzieci „nie je" aż do okresu dorastania. Wtedy, kiedy powolny wzrost z lat poprzednich przechodzi w nagłe „wyciąganie się", dzieci nabierają nienasyconego apetytu i ku zdumieniu i radości matek plądrują lodówki, pakując w kanapkę wszystko, co tylko znajdą.

Jedna z matek, Cristina, dokładnie pamięta, jak jej synek przestał jeść w wieku piętnastu miesięcy:

Mój szesnastomiesięczny synek zawsze ładnie jadł: przeciery warzywne z kurczakiem, ryby lub jajka, owoce, ryż, spaghetti... nigdy tylko nie chciał za bardzo jeść kleików zbożowych. Upiera się też, żeby jeść sam, i pozwalamy mu na to (chociaż w ten sposób mniej zjada). Problem w tym, że od miesiąca nagle nie chce jeść! Nie to, że odmawia jakiegoś produktu i mogę dać mu w zamian coś innego, po prostu zjada dwie czy trzy łyżki i nie chce więcej. Próbowaliśmy wszystkiego: podawałam warzywa strączkowe, mniej rozgotowane potrawy, zabawiałam (dziadkowie nawet karmią go na tarasie).

Warto przyjrzeć się też jednej uwadze, którą Cristina dzieli się w przelocie: jej synek „upiera się", żeby jeść samemu, przez co zjada mniej. W okolicach roczku dzieci zwykle przechodzą etap, w którym chcą jeść same i bardzo je to cieszy. Oczywiście, że zjadają mniej, jedzą dłużej i bardziej się brudzą. Jeśli matka jest gotowa pogodzić się z tymi drobnymi niedogodnościami, jej dziecko prawdopodobnie będzie jeść samodzielnie przez resztę życia. Jeśli kierując się szybkością i wygodą (a przede wszystkim po to, by dziecko zjadło więcej), matka woli sama karmić dziecko, po paru latach najprawdopodobniej będzie tej decyzji żałować. Dwulatki i trzylatki z reguły nie wykazują już tej spontanicznej chęci do samodzielnego jedzenia, co roczniaki.

INNE NIGDY NIE CHCIAŁY JEŚĆ

Niektóre przypadki „braku apetytu" pojawiają się znacznie wcześniej, w pierwszych tygodniach lub miesiącach. Ludzie są różni i niektóre dzieci potrzebują dużo mniej pożywienia niż inne. Innym razem dziecko je tyle samo, co jego rówieśnicy, ale jego matka o tym nie wie. Przyjrzyjmy się typowej historii:

Problemy zaczęły się już w szpitalu: za każdym razem, gdy przystawiałam go do piersi, zaczynał płakać, po długich naleganiach przysysał się na chwilę i puszczał, i tak co dwie-trzy godziny. W domu było jeszcze gorzej, dziecko płakało całymi dniami, ja wciąż próbowałam wkładać mu pierś do buzi, ale on jakby zupełnie nie umiał ssać. Mój starszy syn też płakał, bo prawie w ogóle nie miałam dla niego czasu. Po dwudziestu dniach już nie mogłam wytrzymać i zaczęłam dawać małemu butelkę. Na początku wydawało się, że jest lepiej, ale teraz karmienie go jest straszne, żeby zjadł 100 czy 120 ml muszę go karmić przez godzinę albo dłużej, a przy niektórych karmieniach nie zjada nawet 70 ml. Ładnie je tylko podczas karmienia po kąpieli, wtedy postępując cierpliwie, dochodzimy do 180 ml; w sumie zjada 600-700 ml w ciągu dnia. W stosunku do swojej masy ciała przybiera bardzo mało, często poniżej 100 g tygodniowo. W tej chwili, w wieku trzech miesięcy, waży 5800 g.

Syn Angeli ma zupełnie normalną wagę, średnia w wieku trzech miesięcy wynosi 5980 g. Ilość pożywienia, które zjada (700 ml mleka to 490 kcal), również jest najzupełniej normalna, chociaż pewnie jest to mniej, niż mu się każe jeść. W wielu książkach dla tego wieku zaleca się 105 do 110 kcal na kg masy ciała (dla naszego bohatera byłoby to około 900 ml mleka), ale z nowych danych[4] wynika, że średnie zapotrzebowanie wynosi 88,3 kcal/kg, a minus dwa odchylenia standardowe 59,7 kcal/kg, co dla rozważanego dziecka daje 732 i 495 ml mleka. Podsumujmy dla tych, którzy zagubili się w tych wszystkich liczbach: połowa trzymiesięcznych niemowląt karmionych butelką potrzebuje mniej niż 730 ml mleka dziennie, a niektóre zjadają tylko 500 ml, gdy tymczasem w wielu książkach wciąż zaleca się 900 ml, jeśli w ogóle nie zaokrąglono tego do pełnego litra. Liczby te wyrażają zapotrzebowanie netto, w rzeczywistości dzieci zwykle zjadają trochę więcej, bo później zwracają część zjedzonego posiłku. Z 390 zdrowych chłopców w wieku trzech miesięcy, przebadanych przez Fomona[2], 5% zjadało poniżej 660 ml (i tutaj mamy na myśli prawdziwe spożycie).

Dzieci, które „za mało ważą"

W innych przypadkach problem zaczyna się nie od „zbyt krótkich karmień", ale „zbyt niskiej wagi". Na świecie żyją ludzie wszelkich rozmiarów i każdego ranka, idąc po chleb, mijamy ludzi o wadze 50 kg i 100 kg. Naprawdę myślisz, że w wieku trzech miesięcy oni wszyscy ważyli tyle samo? Dlaczego tak trudno nam zaakceptować różnice w wadze naszych dzieci?

Mam córeczkę w wieku trzech miesięcy, karmię ją piersią. Do tej pory dobrze przybierała na wadze, 200-250 g na tydzień. Dwa tygodnie temu zabrałam ją do pediatry i po zważeniu okazało się, że przybrała tylko 80 g. Ważyła 5820 g, przy wadze urodzeniowej prawie 3200 g. Pediatra radzi, by jej „pomóc", ale ona nie chce jeść z butelki. Kupowałam mleko innych firm, ale wciąż odmawia. Kupowałam też inne smoczki, bo smoczka nie akceptuje nawet na uspokojenie, a ona nadal nie chce, zaczyna płakać i przez cztery-pięć godzin nie je nawet z piersi. Próbowałam dodać do mleka trochę kaszki i karmić ją łyżeczką, ale też nie chce. Chce tylko pierś. Ale tak nie może dalej być, boję się, że zdrowie mojej córki jest zagrożone, bo prawie nie przybiera na wadze, a pediatra mówi, że jest poniżej kreski.

Poniżej jakiej kreski? Według tabel WHO waga tej dziewczynki jest średnia. Mogłaby ważyć od 4600 g do 7400 g. W ciągu trzech miesięcy przybrała na wadze 2620 g, ponad 850 g miesięcznie. Jedyna kreska, którą tu przekroczono, to granica cierpliwości matki. Ile godzin zamartwiania się, ile wypraw do apteki po nowe mieszanki i smoczki, tylko dlatego, że komuś pomyliły się kreski? Ile razy dziecko musi odmówić butelki, by pokazać, że nie chce jeść? Przypadek ten ilustruje dwa podstawowe problemy: z jednej strony interpretację siatek centylowych ogólnie rzecz biorąc, a z drugiej tempo wzrostu dzieci karmionych piersią.

CO TO JEST I DO CZEGO SŁUŻY SIATKA CENTYLOWA

Oto siatka centylowa. Jest całkowicie fikcyjna, nie szukajcie na niej swoich dzieci! Umieściliśmy ją tu po prostu po to, by pokazać, co oznaczają poszczególne linie. Istnieje wiele różnych siatek centylowych: amerykańskie (zalecane przez WHO do wykorzystania na całym świecie do momentu stworzenia przez tę organizację własnych wykresów) oraz siatki z innych krajów, które nie chciały czuć się gorsze: francuskie, angielskie, hiszpańskie... Oczywiście nie są one ze sobą zgodne, i jeśli czyta to jakiś pediatra czy pielęgniarka, może spędzić ciekawe niedzielne popołudnie, porównując je między sobą.

Liczby po prawej to tak zwane „percentyle". Percentyl 75 oznacza, że ze 100 zdrowych dzieci 75 znajduje się poniżej tej kreski, a 25 powyżej. Na niektórych wykresach linie wartości skrajnych oznaczone są nie liczbami 97 i 3, ale 95 i 5.

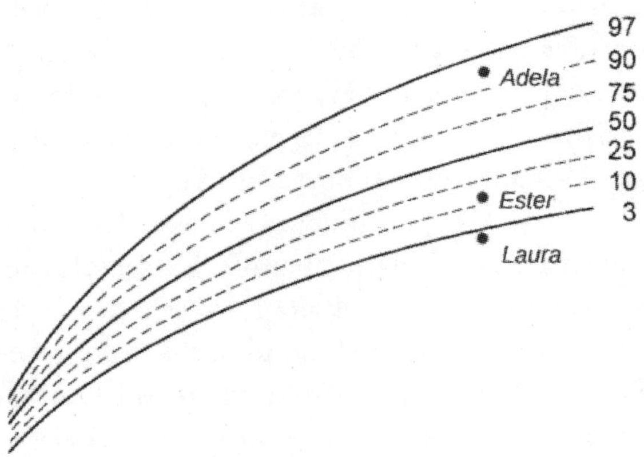

Istnieją też wykresy, na których wykorzystuje się nie percentyle, ale wartość średnią i odchylenia standardowe. Mają one, licząc od dołu, pięć linii wskazujących odpowiednio wartości -2, -1, średnią, +1, +2, odchylenia standardowe. My, pediatrzy, posługujemy się tymi liniami z dużą pewnością siebie, jak dobrymi znajomymi, rzucając zdania w rodzaju „wzrost na minus jeden, ale waga na minus dwa". Poniżej linii „minus jeden" znajduje się orientacyjnie 16 procent zdrowych dzieci, a poniżej linii „minus dwa" nieco ponad 2 procent.

Na naszym wykresie umieściliśmy wagę trzech fikcyjnych dziewczynek w tym samym wieku. Waga Adeli jest całkowicie normalna, ale tylko 6 procent dziewczynek w jej wieku waży więcej. Ester, mimo że waży półtora kilo mniej, również najzupełniej mieści się w normie, przy czym 85 procent jej rówieśniczek waży więcej. W żadnym wypadku nie można powiedzieć, by Ester „źle" czy „niewystarczająco" przybierała na wadze albo ważyła „zbyt mało". Bardzo często zakłada się błędnie, że dzieci powinny znajdować się powyżej średniej – a tymczasem z definicji połowa dzieci znajdzie się poniżej 50 centyla.

A Laura? Ona znajduje się poniżej ostatniej kreski, co często interpretuje się jako „zbyt niską wagę". Ale uwaga, ostatnia kreska to percentyl trzeci, co oznacza, że 3 procent zdrowych dzieci znajduje się poniżej niego. Ta kreska nie stanowi granicy oddzielającej dzieci zdrowe od chorych, jest tylko ostrzeżeniem dla pediatry: „Przyjrzyj się Laurze dokładnie, bo chociaż pewnie nic jej nie jest, mogłoby się okazać, że jest chora". Jak pediatra odróżni te 3 procent zdrowych dzieci, które znajdują się poniżej kreski, od dzieci, które mają niedowagę z powodu jakiejś choroby? Od tego właśnie są studia.

Wiele razy upieraliśmy się, że poniżej 25 centyla znajduje się 25 procent *zdrowych* dzieci, a to dlatego, że wykresy opracowuje się, ważąc wiele setek czy tysięcy zdrowych dzieci. Naturalnie, jeśli dziecko urodzi się przedwcześnie, ma zespół Downa, poważną chorobę serca, czy spędza całe tygodnie w szpitalu z powodu strasznych biegunek, jego waga nie jest już wykorzystywana do obliczania średniej stosowanej na wykresach normalnej wagi. I z tego samego powodu, jeśli twoje dziecko cierpi lub cierpiało na jedną z tych lub podobnych przypadłości, jego waga prawdopodobnie nie będzie zgodna z normalną krzywą wzrostową. Jeśli dziecko cierpi na jakąś chorobę przewlekłą (lub miało ostatnio jakieś poważne dolegliwości zdrowotne) i „ma niedowagę", nie jest to skutek niejedzenia, lecz właśnie tej choroby. Zmuszanie go do jedzenia nie pomoże jej wyleczyć, spowoduje tylko cierpienie i wymioty dziecka.

Teraz na naszym fikcyjnym wykresie odnotowaliśmy wagę kolejnych dwóch dziewczynek. Górna linia należy do Tamary i, jak widać, jej waga pozostaje wciąż w przedziale między 90 a 97 centylem. Niektórzy mówią, że „przybiera na wadze jak po sznurku".

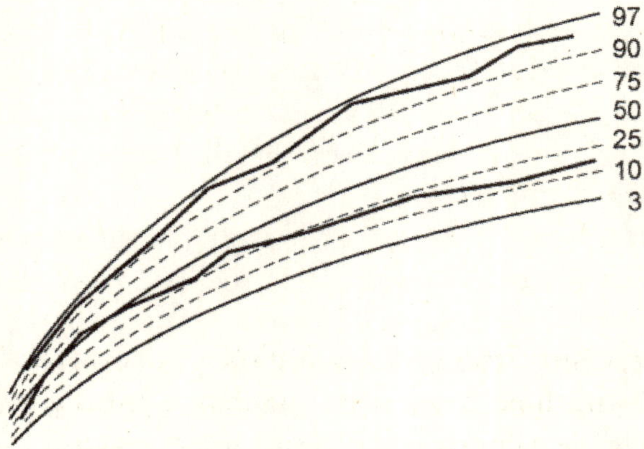

Dolna linia pokazuje wagę Marty. Widać, że w pewnym momencie jej waga przekracza 50. centyl, później jednak znajduje się bliżej centyla 10. Co się stało Marcie? Najprawdopodobniej nic. Rzecz jasna, gdyby spadek poziomu krzywej wagi był bardzo szybki lub drastyczny, pediatra powinien troskliwie przyjrzeć się dziewczynce, by upewnić się, że nic jej nie dolega. Jednak najprawdopodobniej niczego by nie znalazł. Siatki centylowe to po prostu nie są żadne „sznurki", tylko wyrażenia matematyczne, opisujące złożone funkcje statystyczne. Linie poszczególnych centyli nie odpowiadają wadze żadnego konkretnego dziecka, a waga poszczególnych dzieci nie musi pokrywać się z żadną z nich. Lepiej można to zrozumieć na przykładzie wykresu zamieszczonego na kolejnej stronie.

Żeby zaklepać sobie miejsce w historii pediatrii, zamiast kopiować amerykańskie czy hiszpańskie siatki centylowe, woleliśmy stworzyć własne (są to pierwsze wykresy wirtualne, bo ważyliśmy tylko fikcyjne dzieci). Zaczęliśmy od ważenia dwóch dziewczynek w ciągu pierwszego roku ich życia i otrzymaliśmy następujące dwie grube linie.

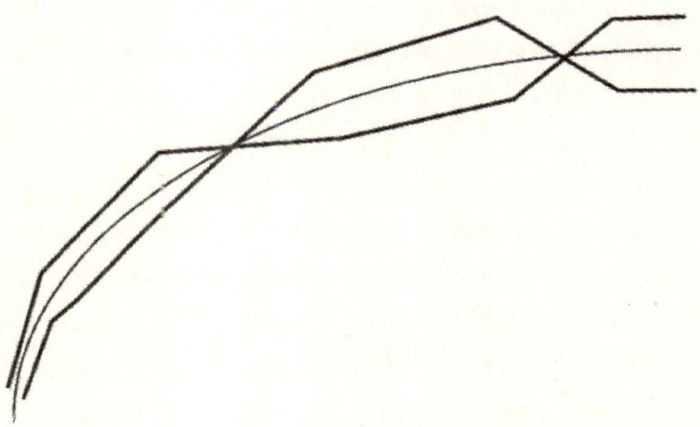

Obliczyliśmy średnią dla tych dwóch dziewczynek i otrzymaliśmy cieńszą linię, którą widać pośrodku. Jedna z dziewczynek znajdowała się najpierw powyżej średniej, a następnie poniżej niej, druga była poniżej, a potem przybrała. Wykres żadnej z nich nie pokrywa się ze średnią. Czy możemy stwierdzić, że dwie dziewczynki mają problemy z odżywianiem, ponieważ nie „przybierają jak po sznurku"? Oczywiście, że nie. To średnia nie idzie jak po sznurku według ścieżek wytyczonych przez dziewczynki.

Oczywiście prawdziwych wykresów nie tworzy się w oparciu o dane dwóch dziewczynek, a kilkuset. Wyobrażasz sobie, jak się wszystko komplikuje?

TEMPO WZROSTU DZIECI KARMIONYCH PIERSIĄ

Przyrost wagi Marty, pokazany na wykresie ze strony 37, jest dość typowy dla dzieci karmionych piersią. Najczęściej wykorzystywane siatki centylowe stworzono wiele lat temu, kiedy mnóstwo dzieci karmiono butelką, a dzieci karmione piersią doświadczały tego tylko przez kilka tygodni. Obecnie, gdy coraz więcej dzieci karmionych jest piersią przez całe miesiące, obserwuje się brak zgodności z tymi wykresami. Różne badania[5,6] przeprowadzone w Stanach Zjednoczonych, Kanadzie i Europie wykazały, że na tle starych siatek centylowych dzieci karmione piersią zwykle „dużo" przybierają w pierwszym miesiącu, za to później spadają na niższy percentyl; w wieku około sześciu miesięcy tracą całą przewagę zyskaną w pierwszym miesiącu i do pierwszych urodzin zachowują wagę „niską" w porównaniu do starych siatek.

W wyniku tych odkryć, Światowa Organizacja Zdrowia podjęła się stworzenia nowych siatek centylowych, opartych na danych dzieci należących do różnych ras, które karmiono piersią dłużej niż rok. Po wielu opóźnieniach nowe wykresy opublikowano wreszcie w 2006 r. Można się z nimi zapoznać pod adresem www.who.int/childgrowth/en. Nie chodzi tu o to, by stworzyć osobne siatki dla dzieci karmionych piersią i butelką, dla wszystkich stosowane są te same wykresy[7].

W porównaniu do starych siatek amerykańskich, nowe wykresy WHO przebiegają wyżej w ciągu pierwszych dwóch-trzech miesięcy, a niżej po szóstym miesiącu. Wydaje się, że różnice dotyczące pierwszych miesięcy wynikają z faktu, że amerykańskie wykresy zostały sporządzone nieprawidłowo, w oparciu o bardzo mało danych.

W Hiszpanii siatki wykorzystywane najczęściej od ponad 20 lat pochodzą z Fundacji Orbegozo w Biblao. Dla pierwszych miesięcy życia dziecka wykresy przebiegają praktycznie identycznie, jak sporządzone przez WHO, zarówno jeśli chodzi o wzrost, jak i wagę.

Jednak od około 5-6 miesięca, podczas gdy wzrost pozostaje niemal identyczny, pojawia się różnica w wadze: wykresy WHO są o 300-500 g niżej. Dotyczy to wszystkich linii, zarówno percentyla 3, jak i średniej oraz percentyla 97. Innymi słowy, dziecko pozostające według WHO na tym samym centylu, na wykresie hiszpańskim spada na niższy centyl.

W wielu krajach oficjalnie przyjęto do stosowania siatki centylowe WHO i Hiszpania prawdopodobnie również tak niedługo postąpi. Póki tak się nie stanie, wiele matek usłyszy jeszcze, że w wieku 8-9 miesięcy ich dziecko „spada na niższy centyl".

Dlaczego wzrost dzieci karmionych piersią i butelką nie przebiega jednakowo? Nie wiadomo dokładnie, ale w żadnym wypadku nie dzieje się tak z braku wartości odżywczych. W pierwszym miesiącu, jedząc tylko mleko, dzieci karmione piersią ważą tyle samo lub więcej. W wieku 6-12 miesięcy, jedząc oprócz mleka przeciery i kleiki, ważą trochę mniej. Gdyby było prawdą, że „mleko nie dostarcza im już żadnych wartości odżywczych" (co stanowi absolutny idiotyzm, bo mleko matki zawsze jest bardziej pożywne niż mieszanka i przeciery), dziecko byłoby głodne i jadłoby więcej pokarmów stałych, na których mogłoby przybrać tyle samo, co dzieci butelkowe. Ale ono nie chce więcej pokarmów stałych. Różnica leży głębiej: jakimś sposobem dzieci karmione butelką rosną w innym tempie niż karmione piersią.

„Nie wiemy, jakie konsekwencje może mieć ten nadmierny wzrost", napisałem w pierwszym wydaniu tej książki. Teraz już wiemy. Wiele badań[8,9] wykazało, że dzieci, które piły mleko matki krócej niż sześć miesięcy, częściej cierpią na nadwagę i otyłość w wieku czterech lub sześciu lat.

Nie wszystkie dzieci rosną w jednakowym tempie

Mam ośmiomiesięczną córkę, która od czterech miesięcy nie przybiera na wadze, od czterech miesięcy przez cały czas waży 7450 g, przy czym wzrost stopniowo zwiększał się do aktualnych 71 cm. Pediatra powiedział, że jeśli w tym miesiącu też nie przybierze na wadze, da jej skierowanie na badania krwi, żeby sprawdzić, czy nie ma jakichś niedoborów, a jeśli nie, to znaczy, że po prostu nie ma apetytu i już... Jeśli chodzi o jedzenie, to je bardzo mało. Poza tym nie chce jeść łyżeczką, kiedy ją do tego zmuszałam, wszystko zwymiotowała. Ciągle wszystko daję jej z butelki, owoce, przeciery i kleik zbożowy też.

Na pewno nie jest to „normalne" (w sensie „często spotykane"), by dziewczynka nie przybrała w ogóle na wadze w okresie pomiędzy czwartym a ósmym miesiącem życia. By zorientować się, czy oprócz swej rzadkości sytuacja nosi też cechy patologiczne, należy wziąć pod uwagę inne dane, między innymi badania, które tak rozsądnie zdecydował się zlecić pediatra, by upewnić się, że mała nie jest chora. Jeśli jednak nie wykryje się żadnej choroby, najlepiej jest spokojnie poczekać: „Nie ma apetytu i już". Bo nieczęsto również widuje się u dziecka w tym wieku taką wagę: to praktycznie 95 centyl. Wzrost jak na osiem miesięcy jest wysoki, sporo powyżej średniej.

Wszystkie wyniki badań wyszły w normie i dziewczynka w wieku trzynastu miesięcy ważyła 8 kg. Wciąż nie chciała jeść. Wydaje się, że zamiast przybierać na wadze w powolnym, za to stałym rytmie, dziewczynka ta gwałtownie przybrała na wadze w ciągu pierwszych czterech miesięcy, by następnie przyhamować.

Istnieje szczególny rytm wzrostu, przyprawiający zwykle rodziców o ból głowy. Zwany jest „konstytucjonalnym opóźnieniem wzrastania i dojrzewania" i nie jest chorobą, ale wariantem normalności. Dotyczy on dzieci, które nie rosną w zgodzie z wykresami, ale w swoim własnym rytmie. Rodzą się z normalną wagą i przez kilka miesięcy rosną normalnie. W pewnym momencie jednak, w okolicach trzeciego czy szóstego miesiąca, zaciągają hamulec i zaczynają rosnąć bardzo powoli, zarówno jeśli chodzi o wagę, jak i wzrost. Zwykle „wypadają z siatki centylowej", lokując się poniżej 3 centyla w obydwu kategoriach. Przy czym waga jest odpowiednia do posiadanego przez nie wzrostu. Jeśli pediatra zleci wykonanie badań, wyniki wychodzą całkowicie prawidłowe. Te dzieci przez kilka lat utrzymują się na granicy lub poza granicami siatki centylowej, ale w wieku dwóch-trzech lat zaczynają rosnąć w przeciętnym tempie, nie oddalając się już bardziej od 3 centyla, a raczej przyklejając się do niego. Zwykle dojrzewają płciowo trochę później niż inne dzieci, mają więc więcej czasu na wzrost, dzięki czemu ostatecznie osiągają zupełnie normalny wzrost i stają się dorosłymi średniej postury. Jest to cecha dziedziczna i bardzo uspokajające są opowieści babć o jednym czy obojgu rodzicach albo jakimś wujku, który „też był takie chucherko jako dziecko i miejscowy lekarz zawsze mu przepisywał witaminy", ale który w końcu urósł. Przyjrzyjmy się przypadkowi, który wydaje się typowy:

Mam córkę w wieku osiemnastu miesięcy, którą na szczęście wciąż karmię piersią, mimo negatywnych komentarzy 99 procent otaczających mnie osób. Problem w tym, że odkąd skończyła cztery miesiące, a ja wróciłam do pracy, mała kiepsko je. Zaczęła spadać na wadze i teraz mierzy 73,2 cm, a waży 8690 g. Miała robione badania i wszystko wyszło w normie.

Dla dzieci w wieku osiemnastu miesięcy percentyl 5 (według siatek centylowych WHO) wynosi 8200 g i 75 cm. Ale dla dziewczynki mierzącej 73 cm waga sytuuje się powyżej 25 centyla, prawie na średniej. Dziewczynka ta miała wizytę u endokrynologa, a wyniki badań poziomu hormonu wzrostu wyszły w normie. Zostaje więc tylko poczekać kilka lat.

Logiczne jest też, że dziecko, które tak wolno rośnie, je jeszcze mniej niż inne.

„ODKĄD ZŁAPAŁ TEGO WIRUSA, NIE CHCE JEŚĆ..."

Ogólnie rzecz biorąc, apetyt zmniejsza się stopniowo, ale często proces ten może zostać wywołany przez jakiś czynnik zewnętrzny (chorobę, pójście do przedszkola, narodziny braciszka...):

Mam synka, który niedawno skończył jedenaście miesięcy. Odkąd zaczęłam dawać mu pokarmy stałe, jadł fantastycznie, nieważne, czy dawałam mu rybę, kurczaka czy cielęcinę [...]. Trochę ponad piętnaście dni temu nagle, z dnia na dzień, przestał zjadać więcej niż 5-6 łyżek (jeśli go zmuszam, żeby zjadł więcej, wymiotuje). Czasami udaje mi się podać mu purée na dwa razy. Nie wiem, czy to może mieć związek z tym, że od niecałych dwóch tygodni ma spory katar, dużo kaszle, ma bardzo zatkany nos i gorączkuje...

Tak jak dorośli, dzieci podczas choroby też tracą apetyt. Kto nigdy nie miał takiej grypy, że tracił ochotę na jedzenie, takiego bólu głowy, że wolał iść spać bez kolacji, takiego bólu brzucha, że szkodziło mu wszystko...? Taki brak apetytu jest przejściowy, trwa tylko kilka dni, podczas walki z wirusem, a potem zanika. Jeśli dziecko straciło na wadze, po chorobie może czuć „opóźniony głód" i przez kilka dni jeść więcej niż zwykle, aż nadrobi straty.

Oczywiście, jeśli choroba jest poważniejsza, brak apetytu może potrwać kilka tygodni, a dziecko nie odzyska łaknienia do momentu zastosowania odpowiedniego leczenia.

Jeśli zaczniemy zmuszać do jedzenia chore dziecko, najprawdopodobniej zwymiotuje. A także obudzi się w nim lęk przed jedzeniem i łyżką, który przetrwa nawet po wyleczeniu. Oczywiście, jeśli dziecko będzie naprawdę głodne, nie odbierzemy mu apetytu nawet zmuszając je do jedzenia. Jeśli jednak miało mniej więcej rok, czyli było w wieku, w którym (prawie) wszystkie dzieci tracą apetyt, prawdopodobnie choroba i związane z nią zmuszanie wywołają nieuniknioną katastrofę. Dziecko i tak „przestałoby jeść", ale konflikt zostaje przyspieszony o kilka tygodni:

Odkąd miał zapalenie oskrzeli, przestał jeść. Z każdym dniem jadł coraz mniej. Ma prawie siedem miesięcy i wciąż nic nie je.

A co gorsze, matka przypisuje brak apetytu chorobie, i póki dziecko nie zacznie jeść, zachowa przekonanie, czasem niemal podświadome, że tamten wirus, tamta biegunka, angina czy zapalenie ucha „nigdy mu do końca nie przeszło". Często prowadzi to do tego, że matka jeszcze bardziej naciska w kwestii jedzenia, przekonana, że dziecko „musi jeść, żeby wyzdrowieć". Historia Anabel pokazuje, jak poważne konsekwencje może pociągnąć za sobą takie błędne koło:

Mam synka, który teraz ma szesnaście miesięcy, ale odkąd skończył dziewięć, nawet nie otwiera ust do jedzenia. Latem kilka razy przeszedł biegunkę i przepisano mu lek, który trzeba było podawać łyżeczką. Od tej pory nabrał do niej awersji, a przynajmniej ja tak sądzę. Żeby jadł, trzeba go intensywnie zabawiać, i wtedy wkładam mu łyżeczkę do ust, a on siorbie. Czasem, kiedy zaskoczę go z otwartą buzią, dostaje mdłości. Ale teraz mam jeszcze większy problem, bo szczerzy zęby i nie mogę nawet zbliżyć mu łyżki do ust. Pora posiłku to dla nas prawdziwa męka.

CO ZA DUŻO, TO NIEZDROWO

Co by się stało z dzieckiem, które rzeczywiście by nie jadło? Straciłoby na wadze. Noworodek, jak wiedzą wszystkie matki, z łatwością może stracić na wadze 200 g w ciągu dwóch-trzech pierwszych dni życia, a następnie je odzyskać. Załóżmy, że dane dziecko traci na wadze dużo mniej, bo 10 g dziennie. W ciągu 365 dni w roku wychodzi 3650 g, zaokrąglając 3,5 kg. Co zostanie z noworodka, jeśli zabierzemy 3,5 kg? Niewiele więcej niż pusta pieluszka. Większe dziecko, powiedzmy o wadze 10 kg, zniknęłoby na naszych oczach w mniej niż trzy lata.

Co by się stało, gdyby dziecko połykało wszystko, co chcemy mu dać? Wyobraźmy sobie, że zjadło już tyle, ile potrzebuje, i że teraz, drogą mozolnych wysiłków, udało się namówić je, by zjadło nieco więcej, powiedzmy tyle, ile trzeba, by utyć 10 g (oprócz normalnego przyrostu wagi). To 3,5 kg w ciągu roku. Gdyby twoje dziecko przybierało każdego dnia więcej o 10 g, w ciągu roku przybrałoby na wadze dodatkowe 3,5 kg. W wieku dwóch lat zamiast 12 kg ważyłoby 19. W wieku 10 lat, 65 kg zamiast 30. W wieku 20 lat, zamiast ważyć 65 kg, ważyłoby 135.

Nie wydaje ci się, że twoje dziecko byłoby monstrualnie otyłe? A to tylko 10 g dziennie. O ile za dużo trzeba zjeść, żeby przytyć 10 g? Obliczono, że potrzeba około 10,8 kcal[2], żeby zgromadzić w ciele gram tłuszczu. Wychodzi 108 kcal, żeby przytyć 10 g, niemal dokładnie tyle, ile zawiera jogurt o smaku truskawkowym, pół czekoladowego pączka, mały słoiczek jedzenia dla niemowląt albo 250 ml sklepowego soku owocowego. Wystarczyłoby ci, gdyby twoje dziecko zjadało codziennie jeden jogurt więcej? Pewnie nie. Wiele matek szykuje cały talerz kleiku, a dziecko zjada tylko kilka łyżeczek. O ile więcej by przybrało na wadze, gdyby zjadło cały ten talerz? Dwadzieścia, trzydzieści gram dziennie? Wyobrażasz sobie swoje dziecko ważące 100, 135 kg w wieku dziesięciu lat?

Ludzki metabolizm pozwala w znacznym stopniu dostosowywać się do sytuacji i w praktyce zjedzenie kilku łyżek mniej czy więcej może nie mieć wpływu na naszą wagę. Ale wszystko ma swoje granice. Wiele matek oczekuje, że dziecko będzie zjadać ponad dwa razy tyle co zwykle. Nikt nie może codziennie zjadać dwa razy więcej niż potrzebuje i żyć w dobrym zdrowiu.

Trzy mechanizmy obronne dzieci

A dzieci muszą się bronić. Gdyby jadły wszystko, co otoczenie stara się im dać, poważnie by chorowały. Na szczęście mają do dyspozycji cały plan strategiczny, służący do obrony przed nadmiarem pożywienia, który aktywuje się automatycznie. Pierwsza linia obrony obejmuje zamykanie ust i odwracanie głowy:

Mam córkę w wieku 11,5 miesiąca, która nie przybiera na wadze, odkąd skończyła osiem miesięcy. Wtedy ważyła 8 kg i wciąż tyle waży. Wygląda, jakby nigdy nie była głodna, karmimy ją, zabawiając zabawkami, i wtedy co nieco jej wchodzi, ale innym razem odwraca głowę, zaciska usta, zaczyna bezwzględnie odmawiać jedzenia i w żaden ludzki sposób nie można jej do tego zmusić.

Ta dziewczynka powiedziała, że nie chce jeść, nawet wyraźniej, niż gdyby umiała mówić. Rozsądna matka nie próbowałaby podać jej ani pół łyżeczki więcej (to zresztą wcale nie jest nic nadzwyczajnego, by dziecko w tym wieku przestało przybierać na wadze, a wiele normalnych dziewczynek w wieku roku waży mniej niż 8 kg).

Jeśli nalegamy, dziecko wycofuje się na drugą linię obrony: otwiera usta i pozwala włożyć sobie do nich cokolwiek mamy na łyżce, ale nie połyka tego. Płyny i przeciery widowiskowo kapią mu z kącików ust. Mięso zamienia się w twardą, włóknistą, tysiąc razy przeżutą gulę, którą dziecko w końcu wypluwa, gdy już nie mieści mu się w ustach. Mówi się, że dziecko „robi z jedzenia kulkę".

Moje ośmiomiesięczne dziecko doskonale jadło, aż tydzień temu zaczęło odmawiać posiłków, przede wszystkim owoców podawanych po południu, a potem też południowej porcji warzyw. Ma taktykę, która polega na przetrzymywaniu jedzenia w buzi bez połykania. Na początku nie trwało to długo, ale teraz może spędzić pół godziny z przecierem w buzi i nijak nie da się go zmusić, żeby go połknął.

Jeśli nadal będziemy nalegać, być może dziecko w końcu coś połknie. Zostało zepchnięte do ostatniej linii okopów: wymiotów.

Mój syn, który ma 4,5 miesiąca, nie zjadł w życiu ładnie ani jednego posiłku. Karmiłam go piersią niecałe trzy miesiące, miał kolki i ledwie przybierał na wadze, 100 do 150 g tygodniowo. Kiedy zaczę-

łam karmić go butelką, wypijał 40-50 ml, a resztę, do 100 ml, połykał z płaczem, kiedy wstrzykiwałam mu je strumieniem. Próbowałam karmić go niewielkimi porcjami co trzy godziny, próbowałam co cztery, karmiłam go przez sen, zabawiałam... coś niemożliwego.

Kiedy skończył cztery miesiące, zaczęłam podawać bezglutenowy kleik zbożowy. Porażka. Dziecko nie chce jeść, połyka, bo zdecydowałam się zmuszać go wszelkimi środkami. Wskutek tego przybiera dużo, bo 250 g, ale każde karmienie to masakra. Najpierw daję mu butelkę, a kiedy wypije swoje 50 ml, podaję kleik. Wypróbowałam pięć rodzajów mleka i nie ma różnicy, syn akceptuje wyłącznie „anatomiczny" kształt smoczka. A ostatnio nauczył się czasem wymiotować, robi to bez wysiłku, ale wymiotuje. Każde karmienie zajmuje mi średnio godzinę, a karmię go pięć razy dziennie.

To dziecko przybierało w pierwszych miesiącach życia 100-150 g tygodniowo, co stanowi absolutnie normalny przyrost wagi. Teraz, w wieku czterech miesięcy, przybiera 250 g tygodniowo, co nie jest normalne, lecz stanowi przyrost zdecydowanie nadmierny w tym wieku (byłoby to normalne w jednym tygodniu, ale nie jeśli tendencja będzie się utrzymywać, co przełoży się na ponad kilogram miesięcznie). Dziecku zostaje tylko płacz i wymioty. Jeśli matka będzie nalegać, straszyć nowymi karami i upokorzeniami, żeby przestało wymiotować, albo jeśli ucieknie się do zastosowania leków przeciwwymiotnych (które nie pozwolą dziecku zwymiotować posiłku), nasz bohater będzie zgubiony.

Problem alergii

Jedną z przyczyn, które mogą sprawić, że dziecko nie będzie chciało jeść, może być fakt, że dany produkt mu szkodzi. Alergie na niektóre produkty mogą nawet być niebezpieczne. Doświadczenie Isabel pokazuje, jak nierozpoznanie pierwszych objawów alergii doprowadziło do niepotrzebnej rezygnacji z karmienia piersią i pogłębienia problemu:

Jestem mamą siedmiomiesięcznej dziewczynki, którą do tej pory karmiłam piersią. Na początku było cudownie i gdyby to zależało ode mnie, karmiłabym dużo dłużej, ale wyglądało na to, że córka chce, żeby mleko płynęło szybciej, i po pięciu minutach karmienia zaczynała się denerwować i płakać. Przez ostatnie trzy miesiące karmienie było bardzo trudne, ale uważałam, że to dla niej najlepsze i nalegałam, aż w końcu nie mogłam już wytrzymać. Uważam, że karmienie piersią powinno być czymś bardzo przyjemnym dla matki i dziecka, a widziałam już tylko, że moja córeczka cierpi.

Kiedy próbowałam wprowadzić mieszankę dla niemowląt, bardzo się przestraszyłam, bo po pierwszym łyku na całej twarzy zaczęły jej wyskakiwać czerwone plamy. Musiałam trochę przedłużyć karmienie piersią, podczas gdy córka przechodziła testy alergiczne.

Wyniki testów oczywiście były pozytywne. Objawy widoczne u córki Isabel podczas karmienia piersią wyraźnie wskazywały na alergię, czego nikt nie umiał rozpoznać. Nawet patrząc wstecz, po postawieniu diagnozy, nikt nie umiał wyjaśnić Isabel, na czym polegał problem. Wiele matek opowiada, że ich dzieci „odrzucają pierś". Dziecko, które wcześniej jadło normalnie, od kilku dni czy tygodni przysysa się ledwie na pięć minut albo nawet krócej, a potem zaczyna płakać. Takie zachowanie może pojawiać się w dwóch rodzajach sytuacji:

Dziecko zaczyna jeść w dobrym humorze, je normalnie przez pięć minut lub krócej, puszcza pierś i wydaje się zadowolone. Ponieważ matce powiedziano, że powinno jeść przez dziesięć minut, uznaje ona, że dziecko potrzebuje więcej pokarmu, i stara się zachęcić je do dalszego ssania. Dziecko oczywiście złości się i płacze, kiedy zmusza się je do jedzenia.

Dziecko zaczyna jeść w niezłym humorze, ale z każdą chwilą wydaje się coraz bardziej niespokojne, aż w końcu wybucha płaczem i puszcza pierś. Wiele kobiet wyjaśnia: „Kiedy mleko spływa mu do żołądka, zaczyna płakać, jakby go coś bolało". To doskonały opis, bo dokładnie tak się dzieje.

Pierwszy przypadek jest całkowicie normalny i odpowiada naturalnemu skracaniu czasu karmienia w miarę, jak dziecko rośnie, co wyjaśnimy później (zob. „Kryzys trzech miesięcy"). Nie trzeba z tym nic robić, a tylko pogodzić się z faktem, że dziecko nie ma potrzeby ssać dłużej, i nie próbować go zmuszać. Jeśli spróbujemy zmuszać dziecko przez kilka tygodni, może zrazić się do ssania i będzie wybuchać płaczem nawet zanim zaczniemy je zmuszać, przez co trudniej będzie odróżnić przypadki A i B. Sięgając pamięcią wstecz, przypomnisz sobie na pewno, że na początku chodziło wyraźnie o przypadek A.

W drugiej sytuacji natomiast wyraźnie chodzi o alergię lub nietolerancję czegoś, co zjadła matka. Prawie zawsze winowajcą jest mleko krowie, chociaż mogą to też być ryby, jaja, soja, pomarańcze lub niektóre inne pokarmy. Tak było w przypadku Isabel. Gdyby wtedy Isabel wyeliminowała całkowicie ze swojej diety mleko krowie, oszczędziłaby sobie dużo płaczu i cierpienia, strachu wobec poważnej reakcji córki na pierwszy łyk mleka z butelki, niepotrzebnego odstawienia od piersi i męki karmienia małego alergika specjalnym mlekiem (które nie tylko jest drogie, ale zwykle ma też odstręczający smak, co sprawia, że dzieci go nie akceptują).

Dlaczego córka Isabel zaczynała płakać po pięciu minutach przy piersi? Niektóre białka mleka krowiego (jak i każdego innego produktu, który matka zjadła) mogą przechodzić do jej własnego mleka. Oczywiście w mleku matki pojawia się minimalna ilość białek mleka krowiego i rzadko wystarcza, by sprowokować reakcję ogólną w postaci czerwonych plam na całym ciele, jaka wystąpiła po podaniu pierwszej butelki ze sztucznym mlekiem. Zamiast tego czerwone wypryski i plamy pojawiają się tylko w miejscu kontaktu z alergenem: w przełyku i żołądku dziewczynki, gdzie po kilku minutach pojawia się pieczenie i stan zapalny. Matka nic nie widzi, ale dziewczynka czuje, no i jak boli!

Jeśli twoje dziecko wykazuje objawy podobne do córki Isabel i w połowie karmienia zaczyna płakać, jakby je coś bolało (a co dopiero, jeśli do tego ma jeszcze bąble albo wypryski), należy wykonać test, by sprawdzić, czy powodem nie jest alergia na mleko krowie. W tym celu matka, nadal karmiąc piersią, powinna całkowicie zrezygnować z jedzenia mleka, serów, jogurtów, masła i jakichkolwiek produktów pochodnych. Ani kropelki. Nie może też jeść żadnych innych produktów, które mogą zawierać w swoim składzie mleko, takich jak wyroby cukiernicze, chleb tostowy, produkty panierowane, czekolada… nawet niektóre rodzaje kiełbas czy szynki oraz margaryna „w stu procentach roślinna" zawierają mleko. Musisz stać się ekspertką od czytania etykiet i odrzucać wszelkie produkty zawierające „mleko", „mleczne substancje stałe", „mleko w proszku", „serwatkę", „białka mleka" itd.

Przez 7-10 dni nie możesz wypić ani kropelki mleka. Skutki nie zawsze widać od razu, sprawdzono, że nawet po pięciu dniach niespożywania produktów mlecznych w mleku matki wciąż mogą pojawiać się jego białka. Nie zastępuj mleka krowiego sojowym, bo soja powoduje niemal tyle samo uczuleń, co mleko.

Jeśli objawy u dziecka nie zanikną w ciągu dziesięciu dni, prawdopodobnie nie jest uczulone na mleko krowie. Może ma alergię na coś innego, spróbuj sprawdzić ryby i jaja. Jeśli objawy u dziecka są bardzo niepokojące i nie chcesz tracić czasu na testy, może najlepiej będzie na początku wyeliminować mleko, jaja, ryby, soję i wszelkie inne podejrzane produkty spożywcze, a później ponownie po jednym wprowadzać je do swojej diety. Poza tym niektóre dzieci są uczulone na dwa lub więcej produktów i poprawa występuje tylko, jeśli matka wyeliminuje je wszystkie. Znałem na przykład niemowlę uczulone na mleko i brzoskwinie. Szczęście, że jego matka zdała sobie z tego sprawę, bo zrezygnowawszy z mleka, piła na śniadanie sok brzoskwiniowy i oczywiście poprawy u dziecka nie było.

Jeśli objawy u dziecka ustąpią po rezygnacji z produktów mlecznych, może to też być wynik przypadku. Napij się mleka i zobacz, co się stanie. Ale nie po trochu, bo objawy mogą być łagodne i nie pozbędziesz się wątpliwości. Wypij kilka szklanek mleka w ciągu dnia – jeśli nic się nie stanie, to znaczy, że twoje dziecko nie jest uczulone na mleko. „Wyzdrowiało" czystym przypadkiem i lepiej nie łamać sobie nad tym więcej głowy. Ważne jest, by przeprowadzić test ponownego wprowadzenia alergenu. Często zaleca się odstawienie mleka krowiego niemal bez powodu, jakby to ta biedna krowa była winna wszystkich płaczów, krostek czy katarów, i matka całymi miesiącami albo latami nie pije mleka, albo pije mało i z poczuciem winy, nie wiedząc, czy ma to wpływ na dziecko, czy nie.

Ale jeśli po ponownym wprowadzeniu mleka do diety matki dziecko przeżywa nawrót tych samych objawów, alergia została udowodniona. Przygotuj się, by karmić dziecko piersią najdłużej, jak to możliwe, najlepiej dwa lata lub dłużej, i nie dawaj mu ani kropelki żadnego innego mleka, ani z butelki, ani w kaszkach, bo może przeżyć to samo, co córka Isabel: jeśli dziecko ma tak silną alergię, że szkodzi mu nawet tak mała ilość, jak ta zawarta w mleku matki, podanie mu mleka bezpośrednio może wywołać dużo poważniejszą reakcję.

Nie wszyscy mali alergicy są tak wrażliwi, by zareagować, gdy matka zje kawałek chleba tostowego, ciastko czy parówkę zawierającą niewielkie ilości mleka. By to sprawdzić, trzeba bardzo surowo przestrzegać diety, bo inaczej nigdy nie pozbędziesz się wątpliwości, za to później może będziesz mogła jeść niektóre z tych produktów, a dziecku nie będzie działa się krzywda. Możliwe, że im bardziej restrykcyjna będzie bezmleczna dieta matki, tym szybciej dziecko wyleczy się z alergii, tego jednak nie jesteśmy do końca pewni.

Jeśli zorientujesz się, że to właśnie mleko miało taki wypływ na dziecko, wyjaśnij to pediatrze, który prawdopodobnie będzie chciał mu zrobić testy alergiczne. I do odwołania nie próbuj podawać dziecku ani kropelki mleka, ani jego produktów pochodnych. Uprzedź rodzinę i panie w żłobku lub przedszkolu. Uczulenie na mleko zwykle „leczy się" samo, na ogół w wieku 1-4 lat, ale w niektórych przypadkach test polegający na podaniu dziecku mleka, by sprawdzić, czy już je toleruje, należy przeprowadzić pod kontrolą lekarską, a nawet w szpitalu.

NAPRAWDĘ NIC NIE JE?

Bo to jest jeszcze inna sprawa... Jak już mówiliśmy, bywają półtoraroczne dzieci, które jedzą mniej niż dziewięciomiesięczniaki. Ale jest też dużo takich, które jedzą więcej, tylko ich matka tego nie zauważyła. Nauka o żywieniu to nie zestaw prawd objawionych i łatwo popełnić poważny błąd, oceniając, ile kalorii zjada dziecko.

Do najczęstszych błędów należy przekonanie, że „mleko nie ma żadnych wartości odżywczych". I to niezależnie, czy chodzi o mleko matki, czy sztuczną mieszankę. Jako płyny są one postrzegane jako niewiele bardziej wartościowe niż woda, gdy tymczasem zawartość kalorii i białek jest w nich bardzo duża. Już mówiliśmy, że wiele przecierów warzywnych z mięsem, a co dopiero musów owocowych, zawiera dużo mniej kalorii niż mleko.

Mój trzynastomiesięczny syn nie chce jeść samych owoców, gruszkę czy banana mogę mu dawać tylko razem z butelką, a i to niedużo; nie chce soków żadnego rodzaju ani smaku, odmawia jedzenia kaszek zbożowych, jogurtów i przecierów...

Między 5 a 7 rano zjada 240 ml mleka z owocami. Przed obiadem czasem wypija 180 ml mleka z kaszką. Między 12 a 13 zjada przecier warzywny z kurczakiem, cielęciną, jajkiem albo rybą. Na podwieczorek zjada 210 ml mleka z owocami i kawałek wędliny z indyka (nie chce żadnych serków ani nic innego, tylko chleb), około 20.30 zjada na kolację delikatne purée i 210 ml mleka z kaszką.

Kochany Albert codziennie wypija 840 ml mleka, a do tego owoce, przecier warzywny z mięsem lub rybą, kawałek wędliny z indyka, „delikatne purée", chleb i kaszkę podczas dwóch posiłków mlecznych. A jego matka martwi się, że mało je! Trzynastomiesięczne dziecko może potrzebować około 900 kcal dziennie. Z samego mleka przyjmuje 590 kcal, a gdzie reszta! Na szczęście problem jest na dobrej drodze do rozwiązania, bo matka zrozumiała najważniejsze: „już go nie zmuszam do jedzenia, bo jest tylko gorzej".

Dzieci w wieku powyżej roku nie powinny pić więcej niż 500 ml mleka dziennie. Nic w tym złego, jeśli piją więcej, ale musisz wiedzieć, że nie zmieszczą mu się inne rzeczy. Dlatego wielu ekspertów zaleca, by dzieci wychowane na butelce nie piły z niej mleka po skończeniu roku. Niech piją mleko z kubka – to taka sztuczka, która sprawi, że nie będą pić tak dużo. Z butelki za łatwo wchodzi.

Profesjonaliści też nie są odporni na to dziwne przekonanie, że „mleko to sama woda", szczególnie jeśli chodzi o mleko matki. Spójrz tylko, co przydarzyło się Silvii:

Jestem mamą dwuletniego już (!) dziecka, które wciąż karmię piersią, co nam obydwojgu daje ogromną satysfakcję. Mały wciąż ssie pierś, wbrew lekarzom, rodzinie i społeczeństwu. Przez pierwsze dwa miesiące dobrze przybierał na wadze, ale potem zaczęły się problemy. Nie chciał ssać dłużej niż przez chwilę, aż doszło do tego, że karmiłam go w tańcu! W wieku dwóch lat waży tylko 10 kg, ale to zdrowy, żywy, silny chłopiec. Problem w tym, że nie bywa głodny (nie zna tego uczucia) i ludzie mówią mi, że nie powinnam już karmić go piersią, żeby zaczął więcej jeść, bo mleko to już „sama woda".

Jedna informacja: w pracy odciągam mleko, zamrażam je i potem mały dostaje szklankę z kaszką i Meritene.*

Spójrzmy na tę typową historię: dziecko, które po skończeniu dwóch miesięcy wolniej przybiera na wadze i szybciej je (zob. „Kryzys trzech miesięcy"), i matka, której wmawiają, że to nienormalne, aż zaczyna się całkiem zamartwiać.

---

* Koncentrat białkowo-energetyczny stosowany w żywieniu chronicznie chorych, niedożywionych osób.

Dwuletni chłopiec o wadze 10 kg, karmiony piersią, potrzebuje ok. 812 kcal i 8 g białka dziennie (tak wynika z obliczeń przeprowadzonych na podstawie aktualnych badań[4,10]; przy czym w wielu publikacjach podaje się jeszcze stare, dużo wyższe wartości. W pierwszym wydaniu tej książki była tu jeszcze liczba 850, a nie 812, ale w drugim wykorzystano już nowsze i dokładniejsze badania, w których wartości te są niższe). Szklaneczka o pojemności 150 ml z mlekiem matki i z jedną saszetką preparatu Meritene plus 15 g kaszki zawiera ok. 300 kcal (ponad jedną trzecią całkowitego dziennego zapotrzebowania dziecka) i 9 g białka (więcej, niż potrzebuje w ciągu całego dnia). Jeśli w ciągu dnia wypije jeszcze 400 ml mleka z piersi, dostanie kolejne 280 kcal i prawie 4 g dodatkowych białek. Plus inne zjadane pokarmy… czy ktoś się jeszcze zdziwi, że nie jest głodny?

Wiele matek uważa, że ich dziecko nie je, bo nie zjada „oficjalnie wyznaczonych" kleików, przy czym nie zdają sobie sprawy, że zjada inne rzeczy, równie dobre lub lepsze. Przeczytaj jeszcze raz wyjaśnienia mamy Alberta kilka stron wcześniej: dwa razy dziennie pije mleko z kaszką i je chleb (bez serków!). A jego matka twierdzi, że Alberto „odmawia jedzenia kaszek zbożowych".

Błąd ten („nie je kaszki, a więc nic nie je") dokładnie pokazuje pewna anegdota. Pewnego dnia zrozpaczona matka powiedziała mi: „Panie doktorze, on za nic nie chce jeść owoców. Próbowałam na wszelkie sposoby: przeciery owocowe, słoiczki owocowe, kaszki owocowe, jogurty owocowe, deserki owocowe… nic a nic". Ponieważ dziecko rozsądnie odmawiało jedzenia tych produktów, nie chciałem jeszcze bardziej kłopotać tej mamy, wyjaśniając jej, że kaszki i jogurty owocowe tak naprawdę zawierają bardzo mało owoców, a jogurty „o smaku" owocowym i deserki w ogóle ich nie mają (a zamiast nich sam cukier i barwniki). Zamiast tego delikatnie zasugerowałem: „Czasami nie smakują im kaszki, w których wszystko jest zmieszane. Próbowała pani dawać mu owoce osobno, kawałek banana albo…? „Tak (przerwała mi matka), to mu smakuje, bierze banana w rękę i zjada prawie całego. Ale za nic w świecie (upierała się) nie zje przecieru owocowego".

Dla tej matki zjedzenie całego banana, jeśli nie wchodzi w skład „przecieru owocowego", to strata czasu.

I wreszcie kolejny czynnik, który sprawia, że wiele matek nie zdaje sobie sprawy, że ich dzieci w rzeczywistości dużo jedzą, to brak świadomości, jak dużą wartość kaloryczną mają niektóre produkty żywnościowe. Matka, zrozpaczona że jej dziecko „nie je", często w końcu daje mu jakieś słodycze, najchętniej czekoladowe. Nie wiem, co takiego jest w czekoladzie, ale niezależnie jak pełny masz brzuch, zawsze znajdziesz miejsce, żeby ją tam wcisnąć (i dotyczy to również nas, dorosłych). Oczywiście dziecko, które nie było głodne, ale zaakceptuje słodką przekąskę, będzie jeszcze mniej głodne, przez co przy kolejnym posiłku zje jeszcze mniejszą porcję i kłótnia gotowa.

Powiedzieliśmy, że dwulatek o wadze 10 kg potrzebuje ok. 812 kcal dziennie (średnio, niektóre dzieci potrzebują dużo więcej, inne dużo mniej). No dobrze, jeśli codziennie wypije pół litra mleka (350 kcal), zje słodką bułkę (260 kcal), jogurt o smaku truskawkowym (110 kcal) i popije 200 ml soku ananasowego (85 kcal), już wychodzi 805 kcal. Niewiele więcej zmieści. A jeśli dołożymy ciastko czekoladowe (230 kcal)? Nie można mu już dać ani kęsa więcej! Gdzie mu chcesz wcisnąć owoce, warzywa i mięso...? Oczywiście podobna dieta byłaby absolutnie nieodpowiednia dla dziecka... ale byłaby aż nadto kaloryczna, stąd dziecko nie mogłoby już zjeść nic ponadto.

Jeśli więc chcesz, żeby twoje dziecko jadło zdrowe produkty, musisz przestać podawać mu słodycze. Ogranicz mleko i produkty pochodne do pół litra dziennie lub nawet mniej (u dzieci powyżej roku), do picia nie dawaj nic oprócz czystej wody (ani mleka, ani soków, ani tym bardziej napojów chłodzących), a ciasta i inne słodkości zachowaj na Boże Narodzenie i inne obowiązkowe święta.

ROZDZIAŁ 2

TWOJE DZIECKO WIE, CZEGO POTRZEBUJE

Wszystkie zwierzęta na tym świecie jedzą to, czego potrzebują. Chodząc po wsi, nie znajdziesz stworzeń, które zdechły, bo nikt nie powiedział im, że muszą jeść. Co więcej, każde zwierzę wybiera dietę odpowiednią dla swojego gatunku i równie trudno jest znaleźć królika, który je mięso, co wilka wcinającego zieloną trawkę.

My, dorośli, też jadamy to, co jest nam potrzebne, i nikt nie musi nam nic mówić. Ci, którzy dużo ćwiczą, jedzą więcej, a osoby prowadzące siedzący tryb życia mniej, i żaden ekspert nie musi obliczać im kalorii i dawać pisemnych instrukcji. To prawda, że niektórzy z nas mają pewną tendencję do otyłości, ale jeśli zastanowić się nad tym, co mogłoby się dziać, a się nie zdarza, zdamy sobie sprawę z tego, że system kontroli przyjmowanego pożywienia działa u nas bardzo dobrze. Gdybyś codziennie jadła trochę więcej niż trzeba i przybierała na wadze o ok. 20 g dziennie, po roku przytyłabyś o 7,3 kg, a w ciągu 10 lat 73 kg (więcej niż ważysz w tej chwili!). Gdybyś natomiast codziennie traciła na wadze 20 g, w ciągu ośmiu czy dziewięciu lat zupełnie byś się rozpłynęła w powietrzu, zostawiając na podłodze tylko kupkę pustych ubrań, jak duch na filmie. A tymczasem większość ludzi całymi latami waży tyle samo, plus minus kilogram.

To samo dotyczy jakości diety. Zwykli śmiertelnicy nie wiedzą ani jakich witamin potrzebują, ani jakiej ilości każdej z nich, ani w jakich produktach je znajdą (owszem, wiesz, że pomarańcze zawierają witaminę C, ale gdzie znaleźć witaminę B1, B12 albo kwas foliowy?), a mimo to praktycznie nikt, kto nie cierpi głodu z powodów pozostających poza jego kontrolą, nie choruje na szkorbut, chorobę beri-beri, niedokrwistość złośliwą czy kseroftalmię.

Jak to się dzieje? Każdy człowiek, jak i każde zwierzę, ma wrodzone mechanizmy, które sprawiają, że szuka produktów, na które ma zapotrzebowanie, i zjada odpowiednią ich ilość. Co sprawia, że naszym zdaniem dzieciom brakuje tej umiejętności? Młode innych gatunków takie mechanizmy mają. Jeśli pozwolisz dziecku jeść to, co chce, można logicznie założyć, że będzie jadło to, co jest mu potrzebne. Tych, których nie do końca przekonują rozważania teoretyczne, może zainteresuje fakt, że zjawisko to jest nie tylko logiczne, ale też udokumentowane naukowo. W kolejnych podrozdziałach wyjaśnimy, jak dzieci od chwili narodzin dobierają swoją dietę, zmieniając skład mleka matki, i jak kilka miesięcy później umieją same skomponować sobie odpowiedni jadłospis.

MLEKO MATKI WEDŁUG POTRZEB

Dlaczego nie ssą piersi zgodnie z regularnym harmonogramem

Harmonogram karmień piersią to mit. Były czasy, w których sądzono, że dzieci należy przystawiać do piersi co trzy godziny albo co cztery (i po dziesięć minut z każdej strony, żeby było śmieszniej!). Zastanawiałaś się kiedyś, dlaczego po dziesięć minut, a nie dziewięć albo jedenaście? Oczywiście, to zaokrąglone liczby. Jak to się stało, że niektórzy uznali liczbę zaokrągloną za dokładną?

Oczywiście my, dorośli, nigdy nie jemy „każde danie po dziesięć minut co cztery godziny". Ile nam zajmuje zjedzenie jednego posiłku? Też coś, przecież to zależy, jak szybko jemy! Z dziećmi jest tak samo – jeśli ssą szybko, jedzenie zajmie im mniej czasu, a kiedy ssą wolno, więcej[11].

Jemy o stałych porach tylko dlatego, że wymagają tego od nas zobowiązania zawodowe. W dni świąteczne zwykle zupełnie zmieniamy codzienny porządek, bez najmniejszego uszczerbku dla zdrowia. A mimo to niektórzy wciąż jeszcze sądzą, że dzieci należy przyzwyczajać do harmonogramu, tłumacząc coś mętnie o dyscyplinie czy trawieniu.

Dorośli mogą poczekać na jedzenie. Pozwala na to nasz metabolizm, a posiłek będzie taki sam, niezależnie od tego, o której godzinie go zjemy. Ale twoje dziecko nie może czekać. Poczucie głodu jest u niego niezwykle naglące, a posiłek zmienia się w przypadku opóźnienia. Mleko matki nie jest bowiem pokarmem martwym, ale żywą tkanką, która wciąż ewoluuje. Podczas posiłku znacząco wzrasta zawartość tłuszczu w mleku: wypływające mleko zawiera na początku niewiele tłuszczu, za to pod koniec nawet pięć razy więcej.

Średnia zawartość tłuszczu w mleku matki podczas danego karmienia zależy od czterech czynników: zmniejsza się wraz z upływem czasu od ostatniego karmienia (im dłużej, tym mniej tłuszczu), a zwiększa proporcjonalnie do zawartości tłuszczu pod koniec poprzedniego karmienia, ilości wypitej przez dziecko podczas poprzedniego karmienia i ilości wypitej podczas karmienia aktualnego (dociekliwe czytelniczki odsyłam do doskonałej publikacji dra Woolridge'a o fizjologii laktacji)[12]. Dziecko przystawiane do dwóch piersi rzadko wypija tę drugą do końca, możemy więc w dużym uproszczeniu powiedzieć, że w dwóch trzecich pije mleko rozwodnione, a w jednej trzeciej skondensowane. Tymczasem dziecko przystawiane tylko do jednej piersi pije mleko rozwodnione i skondensowane, pół na pół. Jeśli pije mleko o mniejszej zawartości tłuszczu (a tym samym mniej kaloryczne), może przyjąć jego większą ilość, a zatem więcej białka… Czyli niemowlę, które wypija po 50 ml mleka z każdej piersi, nie je tego samego, co dziecko wypijające 100 ml z jednej piersi; również dieta dziecka pijącego 80 ml co dwie godziny i takiego, które wypija 160 ml co cztery godziny, różnią się diametralnie.

Badania mechanizmów kontroli składu kobiecego mleka wciąż trwają i prawdopodobnie nasza ignorancja znacznie jeszcze przewyższa naszą wiedzę. Zaobserwowano na przykład, że jedna pierś zwykle produkuje mleko o większej zawartości białka niż druga. Może to czysty przypadek... a może dziecko, pijąc więcej z jednej piersi lub drugiej, może wybrać posiłek o mniejszej lub większej zawartości białka.

Myślałaś, że twoje dziecko wciąż je to samo? Uważałaś, że nudno jest miesiącami pić tylko mleko? Jak widzisz, z mlekiem matki jest nieco inaczej. Twoje dziecko ma do dyspozycji szeroki wybór dań, od lekkich zup po śmietankowe desery. Ponieważ nie umie mówić (a pierś i tak by go zresztą nie zrozumiała), zamówienie składa, instruując pierś za pomocą trzech wskazówek:

Ilości mleka, które wypija podczas każdego karmienia (czyli ssąc dłużej lub krócej, z większą lub mniejszą intensywnością).
Czasu pomiędzy jednym a drugim karmieniem.
Picia z *jednej lub z dwóch piersi.*

To, co twoje dziecko codziennie robi z piersią, to prawdziwa ekwilibrystyka, którą uprawia, by każdego dnia dostać dokładnie to, czego potrzebuje. Jeśli może dowolnie różnicować wymienione trzy czynniki, w pełni i doskonale kontroluje swoją dietę. Na tym właśnie polega karmienie na żądanie: to dziecko decyduje, kiedy chce jeść, jak długo, i czy chce jeść z jednej piersi, czy z dwóch.

Jeśli przeszkodzimy im w kontrolowaniu jednego z tych mechanizmów, większość dzieci dba o zrównoważoną dietę, zręcznie manewrując pozostałymi dwoma czynnikami. I tak podczas pewnego eksperymentu[13] grupie dzieci przez jeden tydzień podawano podczas każdego karmienia zawsze tylko jedną pierś, a przez drugi tydzień dwie (kolejność tygodni była przypadkowa). Teoretycznie, pijąc z jednej piersi, dzieci przyjęłyby w ciągu dnia dużo więcej tłuszczu niż pijąc z dwóch. Jednak dzieci spontanicznie zmieniały częstotliwość i czas trwania karmień i w efekcie przyjmowały podobne ilości tłuszczu (chociaż w różnej ilości mleka).

Natomiast dziecko, które nie może zmieniać ani częstotliwości, ani czasu trwania karmień, ani decydować, czy będzie jadło z jednej piersi, czy z dwóch, jest zagubione: nie może już jeść takiego mleka, jakiego potrzebuje, tylko takie, jakie mu przypadkiem „wypadnie". Jeśli dieta będzie bardzo różnić się od jego zapotrzebowania, dziecko będzie miało problemy: jego waga będzie nieodpowiednia albo całymi dniami będzie głodne i płaczliwe. Dlatego karmienie według harmonogramu rzadko działa, a wynik jest tym bardziej katastrofalny, im surowszy harmonogram staramy się narzucić. Dziecko potrzebuje nieregularnych karmień, bo tylko w ten sposób może zadbać o zbilansowaną dietę.

Od pierwszego dnia, mimo że na pozór dziecko pije tylko mleko, tak naprawdę dobiera sobie dietę spośród szerokiego wachlarza możliwości i zawsze dobiera właściwie, zarówno w zakresie ilości, jak i jakości posiłku.

POKARMY STAŁE RÓWNIEŻ WEDŁUG POTRZEB

W latach dwudziestych XX w. pani doktor Davis w serii eksperymentów wykazała, że dzieci same mogą dobierać sobie zrównoważoną dietę[14]. Grupie dzieci w wieku od sześciu do osiemnastu miesięcy podczas każdego karmienia proponowała dziesięć-dwanaście różnych produktów. Były to czyste, niezmieszane pokarmy: marchew, ryż, kurczak, jajko... Dzieci jadły to, co chciały, i tyle, ile chciały, a nikt dorosły nie próbował ich kontrolować. Większe jadły same, a mniejsze karmił dorosły, w najmniejszym stopniu nie nalegając: podawał pierwsze danie, aż dziecko zamykało buzię, potem podawał kolejne, i tak dalej do końca. Podczas obserwacji prowadzonych przez kilka miesięcy dzieci rosły w normalnym tempie, zachowując odpowiednie średniookresowe spożycie wartości odżywczych, mimo ogromnych różnic w spożyciu podczas poszczególnych karmień, co jest „koszmarem dietetyka". Maluchy czasem jadły jak ptaszek, a czasem miały wilczy apetyt, przechodziły też fazy, podczas których całymi dniami jadły wyłącznie jeden-dwa produkty, a potem zupełnie o nich zapominały. W ten czy inny sposób ostatecznie uzyskiwały odpowiednio zbilansowaną dietę.

Inne, nowsze badania potwierdziły, że mimo ogromnych różnic pomiędzy poszczególnymi posiłkami, jeśli pozwolimy im jeść to, co chcą, małe dzieci przyjmują codziennie raczej stałą ilość kalorii, zarówno w warunkach laboratoryjnych[15], jak i we własnym domu[16].

ALE CZY NIE BĘDZIE SIĘ OPYCHAĆ CZEKOLADĄ?

No jasne, że tak, jeśli tylko na to pozwolisz. A przynajmniej zakładamy, że tak, bo nie ma badań naukowych, które by na to wskazywały. Okazuje się, że opychają się tylko pierwszego dnia, a potem mają dość i dalej jedzą zgodnie ze zrównoważoną dietą.

Dzieci (i dorośli też) bardzo lubią potrawy słodkie i słone, a w związku z tym zwykle jedzą ich za dużo. Jeśli mamy wrodzony mechanizm, który każe nam jeść to, co jest nam potrzebne, to czemu dzieci jedzą tyle słodyczy?

Żeby zrozumieć, dlaczego mechanizm kontroli czasem zawodzi, trzeba wziąć pod uwagę teorię ewolucji. Jeśli dane zwierzę odżywia się odpowiednio, żyje dłużej i ma więcej potomstwa – dlatego dobór naturalny faworyzuje te zwierzęta, które wykazują się odpowiednimi nawykami żywieniowymi. Ale dobór naturalny potrzebuje do działania tysięcy lat, a zachowania odpowiednie w danym momencie mogą stać się niepożądane, jeśli zmienią się warunki środowiskowe.

Do czego dzieci z jaskini w Altamirze potrzebowały upodobania do słodkiego i słonego smaku? Nie miały nie tylko czekolady, ale nawet soli ani cukru. Najsłodsze dostępne dla nich produkty to mleko matki, podstawa ich diety, i pełne witamin owoce. A najbardziej słone prawdopodobnie było mięso, ważne źródło żelaza i białka. Upodobania pomagały im więc dobierać zróżnicowaną i zrównoważoną dietę. Teraz za to mamy cukierki, dużo słodsze niż owoce, i „przekąski", dużo bardziej słone niż mięso, więc mechanizm doboru produktów trochę nam się zdezaktualizował.

A mimo to zadziwiające, jak silny jest instynkt doboru odpowiedniej diety. Zwróć uwagę na reklamy: im bardziej niezdrowy jest dany produkt, tym intensywniej trzeba go reklamować. Słone przekąski, słodycze, słodkie napoje... Niektóre marki, których sprzedaż idzie już w miliony, wciąż reklamują się codziennie – wiedzą, że nie mogą spocząć ani na chwilę, bo bez reklam sprzedaż dramatycznie by spadła. A tymczasem jabłka, ryż, chleb czy soczewica obchodzą się niemal zupełnie bez reklam, a ludzie i tak wciąż je jedzą.

Na wszelki wypadek przypomnę: eksperci sądzą obecnie, że dzieci potrafią dbać o zdrową dietę, pod warunkiem, że damy im do wyboru zdrowe produkty. Jeśli zaproponujesz dziecku owoce, makaron, kurczaka i groszek, i pozwolisz wybrać, ile czego zje, na pewno w dłuższej perspektywie będzie się żywić odpowiednio – chociaż przez dwa dni może jeść wyłącznie groszek, a kolejnego dnia nic oprócz kurczaka. Ale jeśli pozwolisz mu wybierać między owocami, makaronem, kurczakiem i czekoladą, nikt nie zagwarantuje, że jego dieta będzie zrównoważona.

Jednym słowem: odpowiedzialność rodziców ogranicza się do podawania różnorodnego wyboru zdrowych produktów. Odpowiedzialność za wybór spomiędzy tych produktów i decyzja, ile którego zjeść, nie należy do rodziców, tylko do dziecka.

ROZDZIAŁ 3

CZEGO NIE NALEŻY ROBIĆ PODCZAS POSIŁKU

Pomysłowość matek podczas karmienia dzieci nie zna granic (ojcowie zwykle mniej się w tę sprawę angażują, prawdopodobnie bardziej z obojętności niż z przekonania). Zaczyna się od robienia z łyżki samolotu. Następnie przychodzi pora na rozpraszanie (wiele matek bez zażenowania mówi „oszukiwanie") dziecka piosenkami, tańcami, lalkami czy nieuniknioną telewizją. Dalej szybko pojawiają się prośby („no, nie rób tego mamie!"), obietnice („jeśli zjesz wszystko, kupię ci dinozaura"), groźby („nie pójdziesz się bawić, dopóki nie skończysz"), błagania („za mamusię, za tatusia, za babcię"), przykłady z życia („zobacz, jak Popeye pięknie zjada szpinak"). Pojawiła się nawet anegdota o rodzicach, którzy widząc, że dziecko wkłada do buzi przedmioty znalezione na podłodze, wpadli na genialny pomysł: codziennie porządnie zmywali podłogę i rozkładali na niej kawałeczki ziemniaczanej tortilli.

Niektóre sposoby mogą być śmieszne, ale inne doprowadzają raczej do łez, szczególnie dziecko. Przyjrzyjmy się kilku przykładom:

Upór

Mój synek, który ma pięć i pół miesiąca, nie chce zaakceptować karmienia łyżeczką. Zaczęłam próbować, kiedy miał cztery miesiące, ale chociaż bardzo się starałam (i byłam bardzo cierpliwa), mały piszczał, pluł i płakał. Musiałam przekładać mu kaszki i zawartość słoiczków do butelki. Teraz zdarza się, że bez szemrania zje mi cztery-sześć łyżeczek, ale to wszystko! Kilka dni temu zaczęłam podawać mu po każdej łyżce smoczek, w ten sposób zjada wszystko.

Bardzo cierpliwa? Jeszcze jedno nieporozumienie. Cierpliwość oznaczałaby akceptację, że dziecko jeszcze nie chce jeść kaszki. Ta matka wcale nie była bardzo cierpliwa, ale raczej bardzo natarczywa (gdyby jej dziecko umiało mówić, prawdopodobnie użyłoby jeszcze mocniejszego słowa, co najmniej „nachalna"). Jeśli matka podaje dziecku po każdej łyżce smoczek, odruch ssania wyświadcza mu niedźwiedzią przysługę: zamiast wypluć, mały połyka jedzenie. Trwa to tylko kilka dni i na pierwszy rzut oka działa, ale na pewno szybko przestanie. Gdyby maluch zjadał wszystko przez dłuższy czas, rozchorowałby się, a natura rzadko pozwala, by tak się stało. Dziecko znajdzie sposób na to, by wypluć jedzenie mimo smoczka – albo nauczy się wymiotować.

Nocne podchody

Mam trzynastomiesięczną córeczkę, która trochę dziwnie się zachowuje podczas jedzenia: nie chce jeść, to znaczy mimo że daję jej różne rzeczy, ona nawet nie chce spróbować, tak jakby się bała jedzenia. Ale najdziwniejsze jest to, że jeśli w końcu dam jej butelkę, też odmawia, za to jeśli potem podaję jej mleko przez sen, wypija wszystko (razem z kaszką). 600-700 ml mleka z kaszką to wszystko, co zjada w ciągu 24 godzin. Wygląda, jakby ona nigdy nie była głodna. Czy dziecko, którego nigdy nie zmuszano do jedzenia, może je znienawidzić?

Nigdy nie zmuszano do jedzenia? To jak nazwać wpychanie dziecku przez sen ponad pół litra mleka z kaszką? Oczywiście, że ludzie nie przywiązują dzieci do krzeseł. Mówiąc o zmuszaniu dzieci do jedzenia, mamy na myśli wszystkie sposoby, takie czy inne. Poza tym, jak można oczekiwać, że dziewczynka, która przez sen wypiła ponad pół litra mleka z kaszą, będzie głodna w ciągu dnia? Na pewno nic więcej jej się w brzuszku nie zmieści.

TE KOSZMARNE PORÓWNANIA

Znany apokryf mówi, że Kain był niejadkiem. Robiąc mu z łyżki samolot (a może pterodaktyla?), Ewa z reguły zachęcała go, mówiąc: „No dalej, bądź grzeczny! Zobacz, jak twój braciszek Abel pięknie zjada warzywka!". Dobrze wiesz, co było dalej, prawda?

Rzadko zdajemy sobie sprawę z tego, jak bardzo naszym dzieciom przeszkadzają te porównania. Również tym dzieciom, do których je porównujemy. „Zobacz, Monika już skończyła kanapkę". I nasza córka się wścieka, a biedna Monika robi dobrą minę do złej gry, marząc w duchu, żeby zapaść się pod ziemię.

Chciałabyś, żeby ciebie tak ktoś potraktował? Wyobraź sobie, że pijesz kawę i plotkujesz z najlepszą przyjaciółką. Na to wchodzi twój mąż i rzuca: „Może byś trochę o siebie zadbała? Zobacz, jak Encarna ładnie się czesze, a jaką ma cerę, jaka szczupła. A ty zawsze chodzisz taka zaniedbana". I idzie sobie, a ty zostajesz w towarzystwie Encarny, koniec, kropka. Która z was pierwsza przerwałaby ciszę?

Jako ojciec nieraz paliłem się ze wstydu przy drzwiach szkoły, wręczając córkom kanapki na drugie śniadanie. Jakiejś matce przyjdzie do głowy podać moje córki za przykład: „Zobacz, jaką wielką kanapkę będzie jadła Fulanita...". I co ja mam z tym zrobić? Udać, że nie słyszałem i zniknąć w tłumie, czy pobiec za tą matką, tłumacząc, że zje, jeśli będzie chciała, że czasem zostawia połowę, a czasem nawet tej kanapki nie ruszy, że już nieraz zjadałem kanapkowe resztki i że to było *moje* drugie śniadanie?

ŁAPÓWKI

Wielu zdesperowanym rodzicom wydaje się, że przekupienie dziecka, by jadło, to doskonały pomysł. Doktor Illingworth w pracy, którą już cytowaliśmy, wymienia przypadek dziecka, które zebrało ogromną kolekcję miniaturowych samochodzików.

O dziwo, znalazł się ktoś, komu chciało się zbadać skuteczność takiego przekupstwa. W ramach eksperymentu[14] dwóm grupom dzieci zaproponowano nowy produkt spożywczy. Jednej grupie obiecano, że jeśli spróbują, dostaną nagrodę, drugiej po prostu podano posiłek i dzieci mogły zrobić, co chciały. Po kilku dniach dzieci, którym obiecano nagrodę, zjadały mniej nowego produktu niż dzieci z drugiej grupy. No i w sumie trzeba by nie mieć oleju w głowie, żeby się nie połapać: „Skoro chcą mi dać nagrodę, to nie może być za dobre".

Nie należy też samego posiłku traktować jak kary albo nagrody. „Jeśli będziesz grzeczny, kupię ci lody" albo „Uderzyłeś kuzyna, więc nie dostaniesz ciastka". Moim zdaniem w ten sposób łączymy błąd dietetyczny z pedagogicznym. Przede wszystkim, nawet gdyby nagrodą była zabawka, a karą rezygnacja z wyjścia do cyrku, myślę, że to nienajlepszy sposób wychowywania dziecka. Dziecko ma postępować dobrze ze względu na satysfakcję, którą mu to daje, i nie potrzebuje innej nagrody niż aprobata rodziców (a wkrótce nawet i tego nie, bo samo będzie czuło aprobatę wobec swojego postępowania, a to najważniejsze). Będzie też unikać czynienia zła, kiedy zrozumie, że szkodzi to innym. Ludzie dobrzy, o wysokiej świadomości moralnej (a małe dzieci ją mają, nie ma co do tego wątpliwości) nie potrzebują kar ani nagród. A i dorosły, działający tylko pod wpływem oczekiwania na nagrodę i obawy przed karą, byłby wyrachowanym hipokrytą, czyniącym dobro na widoku, a zło w ukryciu. Zabierając dziecko do zoo, nie psuj wycieczki zdaniami typu „to w nagrodę, bo w tym tygodniu sprzątałeś zabawki", bo pomijając już wszystko inne, to kłamstwo i wiesz o tym. Doskonale wiesz, że i tak byś go zabrała do zoo, że zabierasz go z miłości, bo to twoje dziecko i kochasz je bezwarunkowo, choćby nie wiem co zrobiło, i po prostu chcesz je uszczęśliwić i miło spędzić z nim weekend. Po co ukrywać przed nim tę miłość i udawać, że to tylko nagroda?

Wracając do jedzenia, oprócz kwestii pedagogicznych, z którymi możesz się zgadzać lub nie, używanie posiłku jako kary lub nagrody powoduje dodatkowy problem żywieniowy. Ponieważ botwina nigdy nie będzie nagrodą, a czekolada karą, tylko odwrotnie, coraz bardziej idealizujemy dokładnie te produkty, których dziecko nie powinno nadużywać.

Jeśli się zastanowić, jeszcze bardziej absurdalna jest scenka pt.: „Jeśli nie dokończysz groszku, nie dostaniesz ciastka". Kiedy słyszę zdanie tego typu, zawsze muszę z wysiłkiem powstrzymywać się od śmiechu. Jeśli dziecko nie jest już głodne, to jak chcesz sprawić, żeby oprócz groszku zjadło jeszcze ciastko? Logiczne byłoby coś wręcz przeciwnego: „Skoro zjadłeś dzisiaj dużo groszku, lepiej nie jedz deseru" albo „Zostaw już ten groszek, pamiętaj, że mamy deser".

Eksperymenty wykazują, że jeśli dzieci mają dany produkt żywnościowy pod ręką, ale nie wolno im go jeść, coraz bardziej im smakuje[17]. Innymi słowy, jeśli w domu są cukierki, powtarzanie w kółko „dosyć już tych cukierków" sprawi tylko, że będą cię o nie jeszcze bardziej prosić. Jeśli nie chcesz, żeby twoje dziecko przyzwyczaiło się do jedzenia cukierków, prawdopodobnie będzie lepiej, żeby nie było ich w domu – w ten sposób nie trzeba będzie o nich wspominać.

ŚRODKI POBUDZAJĄCE APETYT

Bardzo się martwimy o naszego jedenastomiesięcznego synka. Od urodzenia kiepsko jadł (mogłam go karmić piersią tylko przez półtora miesiąca) i kiedy miał trzy miesiące, już musieliśmy podawać mu mieszankę łyżeczką, bo nie chciał jeść i tylko w ten sposób udawało się nam coś mu dać. Kiedy miał pięć miesięcy, zabrałam go do nowego pediatry, który przepisał nam środek pobudzający apetyt o nazwie Pantobamin, który doskonale na niego działał przez te półtora miesiąca podawania, ale po odstawieniu leku wróciliśmy do punktu wyjścia. Zaczęliśmy go podawać ponownie, kiedy mały skończył dziewięć miesięcy, ale nie działał tak samo dobrze, chociaż synek jadł lepiej. Ale odkąd przestaliśmy go dawać, jest jeszcze gorzej, bo mały robi coś, czego nigdy wcześniej nie robił: wymiotuje. Odruchy wymiotne zaczynają się od pierwszej łyżeczki, którą mu podajemy, i wydaje mi się, że to niepokojące, bo jeśli nie wymiotuje podczas śniadania, to zrobi to podczas obiadu, jeśli nie wtedy, to przy podwieczorku, a jeśli cały dzień się udawało, to już na pewno przy kolacji. Pory posiłków stały się prawdziwym piekłem. Matka dziecka, która spędza z nim najwięcej czasu, potrzebuje psychiatry, bo dodatkowo zamartwia się kwestią jedzenia, sądząc, że synek nie będzie rósł tak jak inne dzieci.

Na rynku są dwa rodzaje środków pobudzających apetyt: te, które działają, i te, które nie działają.

Te, które *nie działają*, to mniej lub bardziej fantastyczne mieszanki witamin i różnych dziwnych składników, zwykle o bardzo imponującej nazwie, odnoszącej się do metabolizmu, wzrostu, dynamizmu, transfuzji i tym podobnych rzeczy. Są współczesnym odpowiednikiem „Eliksiru na wszelkie dolegliwości doktora McDoctora", sprzedawanego w westernach przez różnych szarlatanów (i do tego nieraz na alkoholu). Ogólnie rzecz biorąc, w małych dawkach i przez krótki czas są dość nieszkodliwe, ale zagrożenia nie zawsze można wykluczyć. Zawsze może wystąpić uczulenie na jeden ze składników, substancje pomocnicze czy barwniki, znane są też opisy toksycznego działania niektórych „pobudzających" roślin, takich jak na przykład żeń-szeń. Ponadto niektóre witaminy i składniki mineralne spożywane w nadmiarze również mogą być szkodliwe.

Niemal wszyscy lekarze zgadzają się co do tego, że wszystkie te „toniki" zupełnie niczemu nie służą, ale wielu przepisuje je jako placebo. Placebo (z łac. „complacere"), to fałszywy lek, podawany pacjentowi po to, by był zadowolony. Czasem szybciej i łatwiej jest wypisać pacjentowi receptę, „żeby już przestał gadać", niż powiedzieć mu prawdę. Faktem jest również, że niektórzy pacjenci domagają się leków, nieważne jakich, i lekarz czasem musi się poddać, wypisując nieszkodliwe placebo z obawy, by pacjent na własny rachunek nie kupił sobie jakichś niebezpieczniejszych środków (w naszym kraju niestety bardzo łatwo jest dostać leki bez recepty). Jeśli więc nie chcesz, by lekarz przepisywał ci placebo, teraz czy kiedykolwiek w przyszłości, dobrze jest powiedzieć o tym lekarzowi od razu i od czasu do czasu przypominać: „Nie chcę dawać dziecku leków bez potrzeby, jeśli uważa pani, że mu to samo przejdzie, nie musi nam pani nic przepisywać". Wielu pediatrów zareaguje szerokim uśmiechem ulgi.

Środki, które *faktycznie działają*, to inna para kaloszy. Niemal wszystkie zawierają cyproheptadynę (w połączeniu z różnymi witaminami, by rozróżnić poszczególne marki leków).

Musimy pamiętać, że tak jak serce nie jest źródłem miłości, tak żołądek nie jest źródłem „ochoty na jedzenie". Apetyt pochodzi (czy raczej sterowany jest) z mózgu. Cyproheptadyna (tak jak niektóre substancje pokrewne, np. diheksazyna) wpływa na centrum apetytu w mózgu, tak jak tabletki nasenne wpływają na obszar mózgu odpowiedzialny za sen. Cyproheptadyna jest więc w rzeczywistości lekiem psychotropowym, a jej główne skutki uboczne obejmują senność (skutek występujący często, może wpływać na wyniki w nauce), suchość ust, ból głowy, nudności, a rzadziej nagłe skoki ciśnienia, nerwowość, poczucie zagubienia i halucynacje, zmniejszenie wydzielania hormonu wzrostu (niski i gruby, ukoronowanie sukcesu terapii!). Zatrucie (jeśli dziecko dorwie buteleczkę i zdecyduje się wypić wszystko na raz) może wywołać głęboki sen, osłabienie i brak koordynacji mięśniowej, drgawki i gorączkę.

Oczywiście poważne działania niepożądane występują rzadko; nie opisujemy ich tu po to, żeby cię przerazić, jeśli kiedyś podałaś dziecku któryś z tych syropów (gdybyśmy wymienili tu wszystkie możliwe działania niepożądane leków tak popularnych, jak amoksycylina czy paracetamol, też byś się nieźle wystraszyła). Biorąc leki, zawsze podejmujemy pewne ryzyko, istotny jednak jest fakt, że dla osoby chorej, która wymaga leczenia, ryzyko jest dużo mniejsze niż odniesiona korzyść. Problem ze środkami na pobudzenie apetytu polega na tym, że dzieci, które je biorą, ani nie są chore, ani nie wymagają leczenia; korzyści są żadne i jakiekolwiek ryzyko, choćby najmniejsze i najmniej prawdopodobne, jest niedopuszczalne.

Największe zagrożenie cyproheptadyny kryje się jednak w tym, że działa: dziecko zjada więcej. Więcej niż potrzebuje, więcej niż powinno. Na szczęście działanie zanika zaraz po odstawieniu leku i większość dzieci w ciągu kilku dni traci na wadze tyle, ile przybrały (jeśli przybrały). Ten „efekt odbicia" zwykle pokazuje rodzinie, że lek jest nieskuteczny i rodzice przestają go stosować. Niektórzy jednak ulegają pokusie stosowania go w sposób ciągły, całymi miesiącami, a nawet latami. Jakie skutki będzie to miało dla dziecka, jeśli miesiącami lub latami będzie jadło nadmierną ilość pokarmu i do tego ruszało się mniej z powodu senności? Na pewno nie wyniknie z tego nic dobrego.

By zachęcić dzieci do jedzenia, stosuje się też różne zioła i produkty „naturalne". Wszystkie one, jak „naturalne" by nie były, można zaliczyć do jednej z dwóch wyżej wymienionych grup: działających i niedziałających (problem w tym, że czasem brakuje danych, by je rozróżnić). Jeśli nie działają, po co tracić czas i pieniądze? A jeśli działają, pociągają za sobą podobne zagrożenia, co cyproheptadyna. Przede wszystkim dlatego, że jeśli naprawdę zwiększają apetyt, prawdopodobnie mają wpływ na funkcjonowanie mózgu. I wreszcie dlatego, że nie można zmusić dziecka do tego, by jadło więcej niż potrzebuje, nie powodując w dłuższej perspektywie szkód dla jego zdrowia.

Na szczęście z mody wyszły już chyba napary z kory chinowca i inne napoje alkoholowe, które jakiś czas temu stosowano dla pobudzenia apetytu. Chyba nie trzeba przypominać, że dzieciom nigdy nie należy podawać alkoholu.

Podsumowując, substancje pobudzające apetyt są niepotrzebne, jeśli nie działają, a niebezpieczne, jeśli działają, ich działanie jest krótkotrwałe i szybko zanika po odstawieniu. Nie należy ich nigdy stosować.

ŚWIADECTWO Z PIERWSZEJ RĘKI

Co powiedziałyby nam nasze dzieci, gdyby umiały mówić? Kto wie, może coś w tym stylu:

Odkąd skończyłem dziewięć miesięcy, zauważyłem, że moi rodzice stają się dość uciążliwi podczas jedzenia. Wcześniej karmili mnie dość dobrze, chociaż zaczęli podawać mi jeszcze jedną łyżeczkę, kiedy ja już skończyłem, a pewnego dnia próbowali mi wcisnąć obrzydliwe, galaretowate coś, co nazywali „móżdżkiem", mówiąc, że to bardzo pożywne. Na początku zdarzało się to sporadycznie i nie przywiązywałem do tego dużej wagi. Czasem zjadałem tę dodatkową łyżeczkę, żeby im zrobić przyjemność, chociaż całe popołudnie czułem się potem ociężały i musiałem zjeść o łyżeczkę mniej wieczorem. Teraz tego żałuję i zastanawiam się, czy nie powinienem od początku być dla nich surowszy. Może to prawda, co mówią, że jeśli chociaż raz ustąpisz rodzicom, rozpuszczą się i będą wymagać coraz więcej? Ja zawsze myślałem, że uda mi się wychować rodziców cierpliwie i przez rozmowę, bez autorytarnego podejścia z przeszłości… ale w świetle tego, co się stało, nie wiem już, co mam myśleć.

Prawdziwy problem zaczął się półtora miesiąca temu, kiedy miałem dziesięć miesięcy. Nagle poczułem się źle. Bolała mnie głowa, plecy i gardło. Ból głowy był najgorszy, jakikolwiek hałas rezonował mi w ciele od góry do dołu i z powrotem. Kiedy babcia mówiła do mnie „Puci Puci" (ona nazywa mnie Puci Puci i szczerze mówiąc, podoba mi się to nawet bardziej niż Jonathan), czułem, że zaraz mi głowa pęknie. I na dodatek nawet nie mogłem się wyładować, płacząc jak zwykle, bo mój własny płacz odbijał mi się w uszach echem i było jeszcze gorzej. Ta dziwna żółta plastelina, która czasem pojawia się w mojej pieluszce (nie wiem, skąd ona się bierze, ale mama nigdy nie pozwala mi się nią bawić) też się zmieniła: brzydko pachniała i szczypała mnie w pupę. Alberto, kolega z parku, który ma już trzynaście miesięcy, powiedział, że to wirus i że to nic takiego, ale moi rodzice nie znają się na tym chyba tak dobrze, jak Alberto, bo wyglądali na zaniepokojonych, jakby nie wiedzieli, co robić.

Przez cały tydzień prawie nie mogłem nic przełknąć. Na szczęście miałem cycusia, który zawsze dobrze wchodzi, ale jeśli chodzi o zupki, to tu w gardle robiło mi się coś takiego, że w końcu wymiotowałem. A najdziwniejsze, że nawet nie byłem głodny. I mówiłem rodzicom, co się dzieje, ale nic nie rozumieli. Czasem doprowadzają mnie do rozpaczy i myślę sobie, że najwyższa pora, żebym nauczył się mówić. Wszystko rozumieli na opak. Ja płakałem słabiutko i długo, mówiąc: „nie przestawaj mnie przytulać", a oni zostawiali mnie w łóżeczku. Ja robiłem minę: „dzisiaj naprawdę nie mam na nic ochoty", a oni dawali mi jeszcze więcej jedzenia. Robiłem minę: „jeszcze jedna łyżeczka i zwymiotuję", a oni się złościli, krzyczeli i mamrotali coś o jakichś fanaberiach.

Na szczęście ból głowy i inne problemy potrwały tylko kilka dni. Za to moi rodzice już nigdy nie doszli do siebie. Wciąż upierają się, żeby dawać mi jedzenie, którego nie chcę. I nie jedną łyżeczkę, jak kiedyś, teraz chcą, żebym zjadał dwa czy trzy razy tyle, co zwykle. Zachowują się bardzo dziwnie: w jednej chwili wpadają w euforię, wygłupiając się z łyżeczką i krzycząc „samolocik, patrz, leci samolocik, frrrrrruuuu!", w drugiej robią się agresywni i próbują otworzyć mi buzię na siłę, a jeszcze chwilę później wpadają w depresję i zaczynają jęczeć. Zastanawiałem się, czy to nie ten wirus, może ich też boli głowa i plecy. Co by to nie było, faktem jest, że pora posiłku stała się prawdziwą męką, już na samą myśl zbiera mi się na wymioty i nawet mój niewielki apetyt znika bez śladu…

ROZDZIAŁ 4

SCHEMAT ŻYWIENIA

W oparciu o podstawy naukowe bardzo trudno jest podać szczegółowe zalecenia dotyczące żywienia niemowląt i dzieci. Komisje ekspertów, które zajmowały się tym tematem, pozostają bardzo ostrożne, a ich zalecenia są bardzo mało konkretne:

ZALECENIA ESPGHAN

W 1982 r. Europejskie Stowarzyszenie Gastroenterologii Pediatrycznej, Hepatologii i Żywienia (ESPGHAN, dawniej ESPGAN) opublikowało standardy w zakresie rozszerzania diety niemowląt. Po dokonaniu przeglądu setek badań naukowych eksperci z dziewięciu państw opublikowali siedem zaleceń, które cytujemy w dosłownym brzmieniu:

1. Doradzając, należy uwzględniać środowisko społeczno-kulturalne rodziny, podejście rodziców oraz jakość relacji matki i dziecka.
2. Nowych pokarmów stałych (*beikost*) nie należy z reguły wpro-

wadzać wcześniej niż przed ukończeniem przez dziecko trzech miesięcy, ani później niż po ukończeniu sześciu miesięcy. Należy zaczynać od niewielkich ilości produktów, a zarówno ilość, jak i różnorodność pokarmów należy zwiększać stopniowo.

3. W wieku sześciu miesięcy pokarmy stałe mogą dostarczać nie więcej niż 50% wartości energetycznej posiłków. W drugiej połowie pierwszego roku życia dziecka mleko matki, mieszanki mleczne lub równoważne produkty mleczne należy podawać w ilości nie mniejszej niż 500 ml dziennie.
4. Nie ma potrzeby określania rodzaju pokarmów stałych (produkty zbożowe, warzywa, owoce), od których należy rozpocząć rozszerzanie diety. Podczas podejmowania decyzji należy uwzględnić zwyczaje krajowe i czynniki ekonomiczne. Nie ma potrzeby wydawania szczegółowych zaleceń co do wieku, w którym należy wprowadzać białka zwierzęce inne niż mleko, prawdopodobnie jednak najlepiej jest opóźnić do piątego lub szóstego miesiąca życia dziecka wprowadzenie niektórych wysoce alergizujących produktów, takich jak jaja czy ryby.
5. Produktów zawierających gluten nie należy wprowadzać przed ukończeniem przez dziecko czterech miesięcy, a czasem może być nawet zalecane dalsze opóźnienie ich wprowadzenia, aż do wieku sześciu miesięcy.
6. W pierwszych miesiącach należy unikać produktów o potencjalnie wysokiej zawartości azotanów, takich jak szpinak czy buraki.
7. Szczególną ostrożność należy zachować podczas rozszerzania diety u dzieci, u których w wywiadzie rodzinnym występują choroby atopowe. W tym przypadku należy bezwzględnie unikać wprowadzania w pierwszym roku życia produktów wysoce alergizujących.

Standardy ESPGHAN zredagowano w języku angielskim, ale to niemieckie słowo *beikost* służy w nich za odniesienie do wszelkich pokarmów podawanych dziecku oprócz mleka matki i sztucznych mieszanek. Obejmuje więc ono soki i herbatki, przeciery, musy i kleiki, biszkopty, mleko zagęszczane mąką czy kanapki z kiełbasą. Hiszpańskim odpowiednikiem byłoby sformułowanie *alimentación complementaria* (żywienie dodatkowe), a po angielsku zwykle używa się określenia *solids* (produkty stałe). Z powodu nadmiernie dosłownego tłumaczenia w wielu tłumaczonych z angielskiego książkach mówi się o „wprowadzaniu produktów stałych". Zawsze znajdzie się jakiś mądrala, który czepia się tego błędu (czy raczej niuansu) niczym tonący brzytwy: „No widzisz, produkty stałe w wieku sześciu miesięcy, ale o płynach nic tu nie piszą. Sok pomarańczowy i dwie łyżki mąki do każdej butelki z mlekiem trzeba podawać dużo wcześniej". Należy jednak jasno powiedzieć, że w tym znaczeniu angielskie słowo *solids* odnosi się również do produktów płynnych i w formie papki, tak samo jak „zupki dla niemowląt" nie zawsze mają konsystencję zupy. Nic, dopóki nie skończy sześciu miesięcy, żadnego „zagęszczania" mieszanki mlecznej, żadnych soków ani rumianku. Nic a nic.

W 2008 r. stowarzyszenie ESPGHAN (w nazwie pojawiło się H jak hepatologia) opublikowało nowy dokument[19]. Przepisujemy w całości ostateczne zalecenia:

- Pożądanym celem jest wyłączne karmienie piersią przez ok. 6 miesięcy. Pokarmów dodatkowych nie należy wprowadzać u żadnego dziecka wcześniej niż w wieku 17 tygodni, rozszerzanie diety zaś należy u wszystkich dzieci rozpocząć przed ukończeniem 26 tygodni.
- Termin „żywienie dodatkowe" powinien obejmować wszystkie stałe i płynne pokarmy inne niż mleko matki lub mieszanki (mleczne) początkowe lub następne. Zdaniem komisji traktowanie produktów zastępujących mleko matki jako pokarmów dodatkowych w niczym nie pomaga i może prowadzić do nieporozumień.

- Mimo że teoretycznie istnieją powody, dla których różne pokarmy dodatkowe mogą być szczególnie korzystne dla dzieci karmionych mlekiem matki lub mlekiem sztucznym, zdaniem komisji próby sformułowania i stosowania odrębnych zaleceń dotyczących dzieci karmionych piersią i mlekiem sztucznym mogą pociągać za sobą znaczące trudności praktyczne, a co za tym idzie, są niepożądane.
- Nie wykazano w przekonujący sposób, by unikanie lub opóźnianie wprowadzania potencjalnie alergizujących produktów, takich jak ryby czy jaja, zmniejszało prawdopodobieństwo występowania alergii, ani u dzieci uznawanych za obciążone ryzykiem rozwoju alergii, ani u dzieci uznawanych za niezagrożone.
- W okresie żywienia dodatkowego, u dzieci karmionych piersią ponad 90 procent zapotrzebowania na żelazo muszą pokrywać pokarmy dodatkowe. Powinny one dostarczać dostateczną ilość łatwo przyswajalnego żelaza.
- Mleko krowie jest kiepskim źródłem żelaza. Nie należy podawać go jako podstawowego napoju przed ukończeniem przez dziecko 12 miesięcy, mimo że można dodawać niewielkie ilości do pokarmów dodatkowych.
- Rozsądnie jest unikać przedwczesnego (przed ukończeniem przez dziecko 4 miesięcy) lub zbyt późnego (po ukończeniu 7 miesięcy) wprowadzania glutenu, który należy włączać do diety stopniowo podczas karmienia piersią, ponieważ może to zmniejszyć ryzyko wystąpienia celiakii, cukrzycy typu I i alergii na pszenicę.
- Niemowlęta i małe dzieci pozostające na diecie wegetariańskiej powinny otrzymywać dostateczną ilość (ok. 500 ml) mleka (matki lub sztucznego) i produktów mlecznych.
- Niemowlęta i małe dzieci nie powinny pozostawać na diecie wegańskiej (surowej diecie wegetariańskiej, bez mleka i jaj).

Trzeba przyznać, że ponieważ jest to ostateczne podsumowanie, nie ma tu zbyt wielu szczegółów. W tekście pojawia się jeszcze kilka zaleceń, które nie zostały włączone do ostatecznej listy:

- Należy wprowadzać pokarmy pojedynczo.
- Przed ukończeniem przez dziecko dziesięciu miesięcy należy wprowadzić pokarmy nieprzecierane.
- Nie dodawać soli ani cukru, ograniczać soki (z powodu nadmiaru cukru).

ZALECENIA AAP

Amerykańska Akademia Pediatryczna (AAP) w 1981 r. opublikowała zalecenia dotyczące żywienia niemowląt i dzieci. Tak jak standardy europejskie, zalecenia AAP nie podawały żadnych szczegółowych przepisów dotyczących kolejności wprowadzania ani ilości poszczególnych produktów spożywczych. Wprowadzanie nowych pokarmów uzależnione jest w nich nie tyle od wieku, co od rozwoju dziecka, które jest gotowe, by jeść pokarmy inne niż mleko, kiedy:

- Umie samodzielnie siedzieć (bardzo trudno byłoby karmić dziecko, które przewraca się na boki).
- Zanikł odruch wypychania, który sprawia, że dziecko wypycha łyżkę językiem. Prawdopodobnie odruch ten miał początkowo na celu uniemożliwienie niemowlętom połykania much, kamieni i innych śmieci: póki nie są w stanie wystarczająco dobrze rozróżnić, co się nadaje do jedzenia, a co nie, na wszelki wypadek wypluwają wszystko. Niewiele jest bardziej żałosnych przedstawień niż karmienie dziecka, które ma jeszcze odruch wypychania: papka na śliniaku, w pieluszce, na włosach dziecka, we włosach matki, na krzesełku, na podłodze... wszędzie, tylko nie w buzi aniołeczka.

- Przejawia zainteresowanie jedzeniem dorosłych. Pewnego dnia, widząc cię przy jedzeniu, dziecko spróbuje po coś sięgnąć.
- Umie za pomocą gestów pokazać, że jest głodne lub syte. Widząc zbliżającą się łyżkę, głodne dziecko otwiera buzię i przysuwa głowę, syte zaś zamyka usta i odwraca głowę na bok. W ten sposób matka wie, że dziecko nie chce więcej jeść. Jeśli niemowlę jest jeszcze zbyt małe, by wyraźnie pokazać, że się najadło, istnieje ryzyko, że matka, nie zdając sobie z tego sprawy, poda mu więcej jedzenia, niż chciało. Ponieważ nigdy, przenigdy nie należy dzieci zmuszać do jedzenia, nie należy podawać pokarmów stałych żadnemu niemowlęciu, które nie umie jeszcze odmówić jedzenia, gdy nie jest już głodne.

Amerykanie nalegają też, by pokarmy wprowadzać pojedynczo, w niewielkiej ilości i przynajmniej w tygodniowych odstępach. W ten sposób widać, czy dziecku nie szkodzą.

Standardy z 1981 r. straciły ważność i nie figurują już wśród obowiązujących zaleceń AAP, nie zostały jednak zastąpione przez nowe zalecenia tej samej rangi. Być może wskazuje to na niewielką wagę, którą AAP przywiązuje do tematu: by się odżywiać, dzieci nie potrzebują żadnych oficjalnych zaleceń.

Obowiązuje natomiast zalecenie AAP dotyczące karmienia piersią[21],które w interesującym nas zakresie ratyfikuje tekst z roku 1997[22]. Jeśli chodzi o żywienie dodatkowe, zaleca się:

- Wyłączne karmienie piersią na żądanie do ukończenia przez dziecko sześciu miesięcy.
- Wprowadzanie nowych pokarmów (najlepiej bogatych w żelazo) od wieku sześciu miesięcy, równolegle z dalszym karmieniem piersią, kontynuowanym przynajmniej do ukończenia roku, a następnie tak długo, jak matka i dziecko sobie tego życzą.

Zalecenia WHO i UNICEF-u

Wymienione organizacje międzynarodowe zalecają[23] m.in.:

- Karmienie wyłącznie piersią do ukończenia przez dziecko sześciu miesięcy.
- Podawanie innych pokarmów dodatkowych od wieku około sześciu miesięcy.
- Dalsze karmienie piersią, równolegle z rozszerzaniem diety, do wieku dwóch lat albo dłużej.
- Podawanie zróżnicowanych pokarmów.
- Do wieku dwunastu miesięcy podawanie piersi przed zaproponowaniem innych pokarmów.
- Dzieci w wieku poniżej trzech lat powinny jeść (przynajmniej) pięć-sześć razy dziennie.
- Podawać przede wszystkim pokarmy kaloryczne, z dużą zawartością żelaza i witaminy A. Jeśli trzeba, do warzyw dodać trochę oliwy lub masła, by posiłek był bardziej kaloryczny (oczywiście bardziej wskazana niż inne oleje czy masło jest oliwa z oliwek, jeśli mamy ją pod ręką).

Żywienie dzieci a science-fiction

Jak widać, zalecenia ekspertów z całego świata w ogóle nie są szczegółowe. Żadnych wskazówek na temat kolejności podawania poszczególnych pokarmów, wieku, w którym wprowadza się każdy produkt, a tym bardziej ilości, pory dnia czy dnia tygodnia, w którym należy podawać go dziecku. Tymczasem bardzo łatwo jest znaleźć wytyczne niezwykle szczegółowe. Na przykład:

„O 13:00 przecier warzywny, zawierający 50 g ziembaków, 30 g charmewki, 30 g broszku. W poniedziałki, środy i piątki dodać pół piersi z furczaka, a we wtorki, czwartki i soboty 50 g bątrówki..."

„O piątej po południu pół mruszki, pół batana, pół łabka, sok z połowy moparańczy..."

Użyłem wymyślonych produktów spożywczych, żeby jakaś mama, czytając szybko, nie zapisała sobie przypadkiem tego przepisu.

Na pewno kiedyś słyszałaś albo czytałaś podobne instrukcje. Może nawet próbowałaś się do nich stosować. Nigdy nie dopadła cię ciekawość? Czemu podawać owoce po południu, a nie na przykład rano? Dlaczego 50 g ziemniaków, a nie 40? Produkty zbożowe w wieku sześciu miesięcy, a owoce w wieku siedmiu, czy może najpierw owoce, a potem zboża? Pół dużego banana, czy pół małego? Dlaczego pół jabłka i pół gruszki, a nie jednego dnia całe jabłko, a drugiego całą gruszkę?

Jeśli jakaś matka spróbowałaby zadać niektóre z tych pytań głośno, w odpowiedzi mogłaby otrzymać pełne pewności siebie „bo tak", pocieszające „tak naprawdę to bez znaczenia", a nawet pełną zakłopotania ciszę. Niektóre matki dostają naprawdę ciekawe odpowiedzi.

Na przykład pewna moja francuska koleżanka, która mieszka w Hiszpanii, zapytała pediatrę, czy koniecznie trzeba w ramach tego samego musu mieszać pięć różnych owoców, bo w jej kraju (a przynajmniej w jej mieście), zwykle podawało się codziennie inny owoc. „Chodzi o to, że to doskonale zrównoważona mieszanka", usłyszała w odpowiedzi.

Innym razem słyszeliśmy, że kaszki trzeba koniecznie mieszać z mlekiem, bo jeśli przygotujemy je na wodzie, ich gęstość kaloryczna (czyli ilość kalorii na mililitr) będzie zbyt niska. Pomysł świetny, zostaje jednak do rozwiązania pewna zagadka: dlaczego nie dodajemy mleka do owoców lub warzyw, których gęstość kaloryczna jest dużo mniejsza niż kaszki?

Ciekawy poza tym jest fakt, że te szczegółowe zalecenia prawie nigdy nie są ze sobą zgodne. Nie zgadzały się na przestrzeni lat (zob. dodatek „Trochę historii") i nie zgadzają się obecnie. W różnych książkach, różnych państwach, różnych miastach i różnych dzielnicach podaje się diametralnie różne schematy żywienia. Znałem ośrodek zdrowia, w którym pracowało czterech pediatrów. Pielęgniarki miały dawać matkom pisemne instrukcje na temat żywienia ich dzieci. „Do którego pediatry pani chodzi?", pytały przed wręczeniem kartki. Miały cztery różne zestawy instrukcji!

Dlaczego prawdziwi eksperci nie podają bardziej szczegółowych wytycznych w zakresie żywienia dzieci? Dlatego, że mogą dawać tylko zalecenia mające podstawy naukowe. Nie zawsze podstawy te są całkowicie pewne i zawsze mogą zostać zrewidowane w oparciu o nowe odkrycia… ale przynajmniej jakieś podstawy istnieją.

Mówimy na przykład, że dzieci karmione wyłącznie piersią nie muszą pić wody, ponieważ różne eksperymenty przeprowadzone w gorącym, a nawet pustynnym klimacie wykazały, że dzieci, które piją mleko matki (oczywiście na żądanie), a nie piją wody, mają się świetnie. Mówimy, że „herbatki dla niemowląt", te proszki rozpuszczane w wodzie, z których ma powstać „rumianek", zupełnie dzieciom nie służą, ponieważ zaobserwowano setki przypadków zaawansowanej próchnicy, wynikających z ich dużej zawartości cukru.

Mówimy, że do ukończenia przez dziecko sześciu miesięcy nie należy podawać mu nic oprócz piersi, ponieważ przeprowadzono badanie naukowe[24], w którym na chybił trafił podzielono niemowlęta na dwie grupy: pierwszą, w której dzieci piły wyłącznie mleko matki przez pierwsze sześć miesięcy życia, a następnie wprowadzano im nowe pokarmy (oprócz piersi), i drugą, w której nowe pokarmy podawano po ukończeniu przez dzieci czterech miesięcy. Dzieci, które zaczęły wcześniej, nie przybierały więcej na wadze, nie zaobserwowano też żadnych korzyści, stwierdzono za to, że piły mniej mleka matki. Nie przeprowadzono jeszcze żadnych badań naukowych, w których porównano by skutki podawania pierwszych pokarmów stałych w wieku sześciu i ośmiu miesięcy – być może w najbliższych latach czekają nas nowe niespodzianki.

Mówimy, że pokarmy zawierające gluten należy wprowadzać w niewielkich ilościach, ponieważ zaobserwowano, że przy ich nagłym wprowadzeniu niektóre dzieci mają ostre ataki celiakii (choroba jelita, która ma tym poważniejszy przebieg, w im młodszym wieku się zaczyna).

Mówimy, że należy opóźniać wprowadzanie pokarmów alergizujących (takich jak mleko, jaja, ryby czy soja), ponieważ zaobserwowano, że w przypadku przedwczesnego ich wprowadzenia zwiększa się ryzyko wystąpienia u dziecka alergii.

Ale jakie mamy dane, by zalecać wprowadzanie najpierw produktów zbożowych, a potem owoców lub odwrotnie? Żadne. Są tylko osobiste poglądy różnych panów: „Moim zdaniem należy zaczynać od produktów zbożowych, bo zawierają więcej białka". „Bzdury, trzeba najpierw wprowadzić owoce, bo mają więcej witaminy C".

Żeby pozbyć się wątpliwości, musielibyśmy przeprowadzić eksperyment: pięćdziesiątce dzieci wprowadzić najpierw owoce, a drugiej pięćdziesiątce produkty zbożowe, i zaobserwować, co się dzieje. Oczywiście wszystkie pozostałe pokarmy stałe i warunki musiałyby być identyczne dla obu grup.

Nikt dotąd takiego eksperymentu nie przeprowadził. A prawdopodobnie nikt też tego nigdy nie zrobi.

Ale załóżmy, że ktoś ten eksperyment przeprowadzi. Jaki wynik należy zmierzyć? Śmiertelność wśród dzieci? Oczywiście, że nie, żadne dziecko nie umrze z powodu stosowania którejkolwiek z dwóch diet. Występowanie alergii dla poszczególnych diet? To byłoby przydatne do porównania owoców z rybami, co już zresztą zrobiono i dlatego ryby wprowadzamy później. O ile jednak wiemy, między owocami a produktami zbożowymi dużej różnicy w występowaniu alergii nie będzie. Który posiłek bardziej im smakuje, co łatwiej akceptują, czym rzadziej wymiotują? Zakładając istnienie różnic, prawdopodobnie będą to różnice indywidualne, jednym bardziej posmakują owoce, a innym kaszki. Lepiej popróbować i podawać dziecku to, co ono lubi, a nie to, co polubiło 70 procent dzieci z eksperymentu.

Oczywiście nie wszystkie skutki widać na krótką metę. Jeśli odczekamy kilka miesięcy, mogą się pojawić różnice pomiędzy dwiema grupami. Może na przykład w wieku roku dzieci z jednej z grup będą ważyć więcej niż dzieci z drugiej. To nas jednak stawia przed trudnym wyborem: czy lepsza jest dieta, na której przybierają więcej, bo zapobiega niedożywieniu, czy dieta, na której przybierają mniej, bo zapobiega otyłości? Większość świata cierpi z powodu niedożywienia, ale w państwach uprzemysłowionych prawie nikt nie umiera z tego powodu, gdy tymczasem otyłość to prawdziwa epidemia, pociągająca za sobą poważne konsekwencje zdrowotne.

Może najważniejsze nie jest to, by zaobserwować, które dzieci będą grubsze, a które chudsze, ale które będą zdrowsze. Poczekamy jeszcze trochę i zorientujemy się, które wcześniej zaczną chodzić, szybciej zaczną mówić, będą miały szerszy zasób słownictwa? I oczywiście co z tego, że wcześniej zaczną mówić, jeśli nie będą sobie radzić w szkole? A po co im dobre oceny, jeśli potem nie znajdą pracy? A czy dieta dzieci wpłynie po latach na ich stan zdrowia? Będą mieć niższy czy wyższy poziom cholesterolu, częściej czy rzadziej będą chorować na raka, przechodzić zawały serca...?

Nasze badanie naukowe może więc w sumie potrwać trzydzieści-czterdzieści lat... i prawdopodobnie nie znajdziemy żadnych istotnych różnic pomiędzy dziećmi, które zaczynały od owoców, a tymi, które zaczynały od produktów zbożowych. A może jednak, może znajdziemy jakieś różnice – wtedy będziemy mieć nowy problem: co począć z tymi wynikami?

Wyobraźmy sobie na przykład (wszystkie poniższe dane są całkowicie fikcyjne), że dzieci, które zaczynały od owoców, pod koniec pierwszego roku życia ważyły 150 g więcej niż dzieci, które zaczynały od produktów zbożowych, zaczynały chodzić trzy tygodnie wcześniej, miały gorsze oceny z matematyki w wieku 10 lat, ale lepsze z nauk społecznych w wieku lat 15, rzadziej były bezrobotne w wieku lat 25, ale miały gorzej płatną pracę, miały wyższy poziom cholesterolu, ale niższe ciśnienie, w wieku czterdziestu lat o 15% częściej chorowały na raka żołądka, za to w wieku pięćdziesięciu lat o 20% rzadziej cierpiały na zwyrodnienia stawów...

Jesteś matką, masz w ręku wszystkie te dane, załóżmy, że całkowicie pewne i godne zaufania, i musisz podjąć decyzję: zacząć od owoców czy produktów zbożowych?

Oczywiście, że jest to podejście nieco pesymistyczne: najpierw założyliśmy, że żadnych istotnych różnic nie znajdziemy, a następnie, że znaczące różnice istnieją, ale idą w różnych kierunkach i praktycznie znoszą się nawzajem. Istnieje trzecia (choć bardzo odległa) możliwość: że nasze badanie wykryłoby wyraźne różnice pomiędzy dwiema dietami. Wyobraźmy sobie, że udowodniono naukowo, ponad wszelką wątpliwość, że dzieci, które zaczynają od owoców, przez całe życie są zdrowsze, ładniejsze, mądrzejsze i szczęśliwsze, niż dzieci, którym najpierw wprowadzono produkty zbożowe. Sprawdzenie tego kosztowało nas ponad pięćdziesiąt lat. Dumni i szczęśliwi prezentujemy nasze osiągnięcie światu. I zamiast deszczu podziękowań, zalewa nas potop nowych pytań: a jeśli zaczniemy od warzyw, albo od kurczaka? Zaczynamy w wieku sześciu miesięcy, siedmiu, czy siedmiu i pół...? Wprowadzamy najpierw jabłko, gruszkę, czy banana? A w moim kraju nie uprawia się jabłek i gruszek, mam zacząć od mango, ananasa czy papai? Pół jabłka, czy całe? Golden, starking czy reneta? Czy zawartość witamin jest taka sama w jabłkach świeżo zebranych i tych przechowywanych w chłodni? Ze skórką, bo pod skórką najwięcej witamin, czy obrane, bo skórka zawiera pestycydy? By znaleźć odpowiedź na każde z tych pytań, trzeba by zacząć nowe badanie naukowe.

Dlatego właśnie na początku tego rozdziału powiedzieliśmy, że takich badań nigdy nie było ani nie będzie. Nigdy nie poznamy odpowiedzi.

CZĘŚĆ DRUGA

CO ROBIĆ, JEŚLI JUŻ NIE JE

ROZDZIAŁ 5

EKSPERYMENT, KTÓRY ZMIENI TWOJE ŻYCIE

Twoja córka nie chce jeść. Trwa to już miesiącami, a może od lat. Próbowałaś wszystkiego, ale sytuacja się nie poprawia. Z przerażeniem oczekujesz pory posiłku, który niemal zawsze obydwie kończycie zalane łzami

Twoja córka się nie zmieni. Przynajmniej dopóki jej własne ciało nie zażąda od niej więcej jedzenia, może w wieku pięciu lat, a może w okresie dojrzewania. Twoja trzyletnia córka nie przyjdzie do ciebie jutro, ani w przyszły poniedziałek, i nie powie: „Mamo, przemyślałam sprawę i zdecydowałam, że od tej pory będę zjadać wszystko, co mi dajesz, bez wybrzydzania. W ten sposób zrozumiesz, że bardzo cię kocham i liczę na to, że ten gest dobrej woli pozwoli nam poprawić wzajemne relacje". Twoja córka nie jest w stanie nic takiego wymyślić, a nawet gdyby, to nie byłaby zdolna dotrzymać obietnicy (bo jak już wcześniej wyjaśniliśmy, fizycznie nie jest w stanie zjeść więcej, niż potrzebuje, i nie rozchorować się).

Dlatego w tobie jedyna nadzieja na zmianę. Ty możesz powiedzieć swojej córce: „Córeczko, przemyślałam sprawę i zdecydowałam, że od tej pory nie będę zmuszać cię do jedzenia, kiedy nie będziesz głodna, ani do zjadania potraw, których się brzydzisz". Możesz też na pewno (chociaż na początku nie będzie to łatwe) dotrzymać słowa.

Wyjaśnijmy od razu, że nie proponujemy tu żadnego nowego sposobu wpłynięcia na twoją córkę, by jadła więcej. Będzie jadła tyle samo co dotąd, może trochę mniej lub więcej. Chodzi o to, by jadła zadowolona i szczęśliwa, i przez rozsądny czas, a nie przez dwie godziny pełne łez, kłótni i wymiotów.

Należy też jasno powiedzieć, że nie mówimy tu o tym, by wziąć twoją córkę głodem. To nie tak, że „jesteś źle wychowaną dziewczynką, więc zabieram teraz talerz i zobaczysz, co to znaczy być głodna! Kiedy będziesz chciała coś zjeść, ładnie mnie o to poprosisz". Takie podejście byłoby nie tylko niesprawiedliwe, ale też niebezpieczne, bo byłby to początek wyścigu pod tytułem „jeszcze zobaczymy, kto jest bardziej uparty", a w tym zwykle górą są dzieci. Kilka razy widziałem (a raczej opowiedziano mi po latach), jak metoda „niezmuszania dziecka do jedzenia" zakończyła się porażką, i w obydwu przypadkach była ona stosowana jako kara (mimo, że nie używano dokładnie tych słów, a nawet mimo że w ogóle nie wymawiano ani jednego słowa).

Wręcz przeciwnie, to, co tu proponujemy, to szacunek dla wolności i niezależności dzieci. Prawidłowe podejście polega na tym: „Najadłaś się, królowo? Dobrze, to myj ząbki i idź się pobawić".

Większości matek, szczególnie jeśli od lat już toczą tę wojnę o jedzenie, ogromną trudność sprawia wprowadzenie tej zmiany i rezygnacja ze zmuszania dzieci do jedzenia. Wszystkie zmiany są trudne, a kwestia żywienia stanowi szczególny powód do zmartwień. Znałem matki, które w pierwszych dniach, kiedy starały się nie zmuszać dzieci, musiały wychodzić do drugiego pokoju się wypłakać. Ty naprawdę myślisz, że jeśli córki nie zmusisz, to ona nic nie zje. Myślisz, że nabawi się anemii, a nawet, że „umrze z głodu".

Ale twoja córka nie może tak po prostu bach! i umrzeć z głodu. Żeby się poważnie rozchorować, musiałaby najpierw stracić na wadze. I to dużo. Przypomnij sobie, jak straciła na wadze po urodzeniu – wiele dzieci traci nawet ćwierć kilo w ciągu dwóch dni i bez problemu nadrabiają to przez tydzień. Jeśli twoja córka nie będzie jeść, straci na wadze. Musi stracić dużo, żeby naprawdę pojawiło się zagrożenie. Te niedożywione dzieciaczki z Afryki, które oglądamy na zdjęciach, straciły (albo nigdy nie przybrały) 5-7 kg.

Stąd istnieje bardzo prosty środek kontroli stanu zdrowia twojej córki, który pozwoli ci upewnić się, że nic jej nie grozi: zwykła waga. Póki twoja córka nie straci na wadze jednego kilograma, problemu nie będzie. Mówię tu o kilogramie (u malutkich niemowląt to może być trochę mniej, powiedzmy 10 procent ich masy ciała), dlatego że mniejsze wahania wagi są zupełnie normalne i zwariowałabyś, gdybyś zwracała na nie uwagę. Jeśli zważysz córkę przed i po wypiciu szklanki wody, okaże się, że przytyła o ćwierć kilo. A jeśli zważysz ją przed i po zrobieniu siusiu i kupy, schudnie o prawie pół kilo. Mniej niż kilogram różnicy nie ma znaczenia i jest wciąż bardzo daleko od zmiany, która mogłaby być niebezpieczna.

Nawet jeśli ostatecznie nie przekonają cię argumenty przedstawione w tej książce, nawet jeśli wciąż jesteś przekonana, że twoja córka „nie będzie jeść, jeśli jej nie zmuszę", błagam cię, wypróbuj tę metodę na zasadzie eksperymentu. Nie masz nic do stracenia. To trwa już miesiące czy lata, próbowałaś wszystkiego. Jeśli masz rację, i niezmuszana twoja córka nic nie będzie jadła, straci kilogram wagi, i to bardzo szybko (noworodek może stracić 250 g w ciągu dwóch dni, mimo że pije mleko z piersi lub butelki, także twoja córka może stracić kilogram w ciągu niecałego tygodnia, jeśli naprawdę nic nie będzie jadła). Jeśli masz rację, eksperyment potrwa tylko tydzień albo nawet mniej. Zaczniesz zmuszać córkę jak dawniej, a szybko ten nieszczęsny kilogram nadrobi. A ty będziesz miała prawo opowiedzieć wszystkim sąsiadkom, że ta książka doktora Gonzáleza to jedna wielka bzdura.

Ale jeśli to ja mam rację i po rezygnacji ze zmuszania twoja córka nie schudnie jednego kilograma, to znaczy, że niezmuszana zjadała tyle samo, co wtedy, kiedy ją zmuszałaś. Ile godzin poświęcasz na to, by podać jej śniadanie, obiad, podwieczorek i kolację? Wiele matek przeznacza na to ponad cztery godziny dziennie, cztery godziny łez, krzyków i wymiotów. Teraz te cztery posiłki mogą zająć twojej córce około godziny, a ty nawet nie musisz być przez cały ten czas obecna. Pomyśl o tych wszystkich rzeczach, które możesz zrobić w wolnym czasie: czytać książki, pisać je, uczyć się grać na pianinie... albo po prostu zająć się wraz z córką czymś przyjemniejszym. Poświęcić ten czas na opowiadanie bajek, rysowanie, budowanie, zabawę, pomoc w lekcjach... Jeśli eksperyment się powiedzie, życie twoje, twojej córki i całej rodziny zmieni się diametralnie.

Podsumowując, eksperyment wygląda następująco:

1. Zważ córkę.
2. Nie zmuszaj jej do jedzenia.
3. Zważ ją ponownie po pewnym czasie.
4. Jeśli nie schudła kilograma, nadal jej nie zmuszaj i wróć do kroku 2.
5. Jeśli schudła kilogram, to koniec eksperymentu. Rób, co chcesz.

KILKA WAŻNYCH UWAG

Waga

Wystarczy zwykła waga łazienkowa, jeśli dobrze działa. Możesz też ważyć córkę w aptece. Zawsze rób to na tej samej wadze i w tym samym ubraniu (albo bez ubrania). Zaoszczędzisz też sobie nerwów, jeśli będziesz ją ważyć o tej samej porze dnia, chociaż nie jest to konieczne. Możesz ważyć córkę tak często, jak tylko chcesz. Ja bym to robił najwyżej raz w tygodniu, ale jeśli naprawdę bardzo się martwisz, możesz ją ważyć codziennie. Ale pod żadnym pozorem nie próbuj zmuszać córki do jedzenia, jeśli nie schudła kilograma. Oczywiście eksperyment przeprowadzamy wtedy, gdy dziecko jest zdrowe; jeśli cierpi na mocną biegunkę, grypę albo ospę wietrzną, łatwo może stracić kilogram wagi, niezależnie, czy będziesz ją zmuszać, czy nie.

Nie zmuszać do jedzenia

Żadnym sposobem, żadną metodą, za pomocą żadnych wybiegów. Wiem, że nie przywiązujesz córki do krzesełka ani nie bijesz rózgą. Mówiąc „nie zmuszać", mam na myśli: nie robić z łyżki samolotu, nie rozpraszać piosenkami ani telewizją, nie obiecywać nic pod warunkiem, że wszystko zje, nie straszyć karą, nie prosić ani nie błagać, nie apelować do jej miłości wobec rodziców ani wstawiennictwa babci, nie porównywać jej z rodzeństwem ani nie opisywać za pomocą kategorii „grzecznej" i „niegrzecznej" dziewczynki, nie uzależniać podania deseru od tego, czy skończy pozostałe dania.

Praktyczny przykład tego, jak nie zmuszać dziecka do jedzenia

Załóżmy, że dziś na obiad są kluseczki, befsztyk z ziemniakami, a na deser banan.

„Chcesz kluseczki?". „Tak". Ile klusek zwykle zjada twoja córka, zanim zacznie się wojna? Pięć? To nałóż jej na talerz trzy. Trzy! Nie trzy łyżki ani trzy kupki, ale trzy kluski. Pozwól jej samej je zjeść, paluszkami albo widelcem, jeśli umie go używać.

Jeśli je zjadła, nie musisz jej pytać: „Chcesz jeszcze kluseczek, złotko?". Nie ma potrzeby, jeśli będzie chciała, to poprosi. Jeśli minęło kilka minut, a ona ich nie zjadła, pytasz: „Już nie chcesz więcej?". Jeśli powie, że nie, zabierz talerz, nie marszcząc brwi ani nie robiąc jej żadnych wyrzutów. Jeśli powie, że tak, ale nie je, uprzedź ją łagodnie, że albo niech je od razu zje, albo zabierzesz talerz, i zrób to, jeśli minie sensowna chwila, a ona nie wykazuje ochoty, by je zjeść. Przez pierwsze kilka dni twoja córka będzie tak przyzwyczajona do tego, że jedzenie trwa dwie godziny, że zmiana może ją zaskoczyć, bądź więc elastyczna i jeśli będzie nalegać, byś oddała jej talerz, raczej się zgódź.

Jeśli twoja córka była przyzwyczajona do tego, że wkładasz jej jedzenie do buzi, postaraj się, by fakt, że pozwalasz jej jeść samej, nie wyglądał na karę ani brak troski. Jeśli poprosi, żebyś ją karmiła, możesz się zgodzić. Jeśli widzisz, że nie je, ale nie pozwala też zabrać sobie talerza, możesz zaproponować uprzejmie: „Chcesz, żebym ci pomogła zjeść?". Ale nie karm jej, jeśli o to nie prosiła i się na to nie zgodziła, i przestań ją karmić, jak tylko zacznie odmawiać jedzenia.

Może się też zdarzyć, że z marszu nawet nie będzie chciała spróbować klusek. Nie tracąc zimnej krwi i nawet na moment nie podnosząc głosu, zaproponuj jej od razu drugie danie.

Niezależnie, czy zjadła pięć klusek, czy nie tknęła ani jednej, zacznij od nowa z drugim daniem: zapytaj, czy chce, nałóż jej na talerz mniej, niż twoim zdaniem (wnosząc z wcześniejszych doświadczeń) zje bez protestów. Pamiętaj, że kawałek befsztyka zjadany przez niektóre dwu- lub trzyletnie dzieci (jeśli naprawdę są głodne jak wilk) ma wielkość znaczka pocztowego. A jeśli chce tylko ziemniaki, niech je tylko ziemniaki.

Podałem przykład obiadu dwudaniowego, bo w wielu rodzinach taki jest zwyczaj. W innych jednak jada się tylko jedno danie i moim zdaniem jest to absolutnie w porządku. W żadnym wypadku nie chcę tu sugerować, że musisz przygotowywać dwa dania.

Kiedy dziecko nie chce już więcej drugiego dania, przechodzimy do deseru. Nie próbuj przekupywać jej deserem („jeśli zjesz całe mięso, dostaniesz lody czekoladowe"), szantażować („póki nie skończysz mięsa, nie będzie lodów"), a tym bardziej wyśmiewać („no dobrze, oto deser, ale skoro panienka była taka głodna, to mogła przecież zjeść więcej mięsa") ani wywoływać poczucia winy („no jasne, ja tu się morduję w kuchni, szykując obiad, a pani woli jogurcik"). Jeśli deseru też nie chce, niech idzie się bawić.

Pamiętaj, że rozmiar sklepowych deserów przewidziany jest dla dorosłych. Jeśli ty zjadasz jogurt, to jeden, a nie pół tuzina. Nie możesz oczekiwać, że twoja trzyletnia córka zje tyle samo. Może zje i w porządku (chociaż oczywiście będzie to jedyne danie). Ale jeśli wcześniej jadła coś innego, mało prawdopodobne, by zjadła więcej niż ćwierć jogurtu. Oczekiwanie, że zje cały, jest nierozsądne. I niech ci nie opowiadają głupot w stylu „a mnie dawali dwa", bo to nieprawda.

Tak samo, jeśli jesz banana, pomarańczę czy jabłko, prawdopodobnie zjadasz tylko jeden owoc. Nikt nie łapie kiści bananów i dawaj wcinać, jakby to były winogrona. To nierozsądne oczekiwać, że twoja córka zje całego banana albo całe jabłko, chyba że będzie to jedyny posiłek.

Nie stosuj też takiej kary: „Dobra, schowam ci te kluski na później i dopóki ich nie zjesz, zimnych i suchych, jakie by nie były, nie dostaniesz nic innego do jedzenia". Daj jej na kolację to, co jest, jak całej reszcie rodziny (oczywiście, w wielu domach na kolację wykorzystuje się resztki obiadu, więc rób to, jeśli taki jest u was zwyczaj, ale nie stosuj tego zachowania jako kary, ani go tak nie przedstawiaj).

Załóżmy, że twoja córka nie je nic na śniadanie, nic na obiad, nic na podwieczorek i nic na kolację. Martwisz się, co się z nią stanie? Zważ ją. Jeśli nie straciła kilograma wagi, nic nie zmieniaj. To dobry moment, by zastanowić się nad przebiegiem eksperymentu: czy na pewno nikt inny z rodziny nie próbuje córki zmuszać do jedzenia? Na pewno nie zamieniliście siły fizycznej na złośliwości, aluzje i inne psychologiczne naciski?

To jednak bardzo mało prawdopodobne, by twoja córka rzeczywiście spędzała cały dzień bez jedzenia. Niemal na pewno coś zjada i niemal na pewno to coś przypomina to, co zjadała przed rozpoczęciem eksperymentu. Zatem jeśli zważysz ją następnego dnia, prawdopodobnie okaże się, że ani nie przytyła, ani nie schudła.

Możliwe też, że zaskoczona nową wolnością, twoja córka nic nie zje w porze obiadu, a po paru godzinach najdzie ją głód. Możesz dać jej jeść „między posiłkami", pod warunkiem, że będą to produkty zdrowe: począwszy od tego samego posiłku, którego nie chciała (jeśli teraz zechce, nigdy w charakterze kary), po jakikolwiek normalny produkt spożywczy, który masz pod ręką: banana, jogurt, kanapkę... Postaraj się uniknąć dwóch błędów: po pierwsze, nie zamieniaj normalnego jedzenia na smakołyki. Po drugie, nie stań się niewolnicą kuchni. Nie zmuszać córki do jedzenia to jedno, a spędzić godzinę w kuchni szykując kluski, a potem jeszcze drugą, bo córka woli spaghetti, to zupełnie co innego. Jeśli któremuś z członków rodziny, niezależnie od wieku, nie odpowiada menu dnia, nie ma obowiązku go jeść, ale będzie musiał zadowolić się „szybkim jedzeniem" (przynajmniej dopóki nie nauczy się gotować). Wszystkie przywileje pociągają za sobą obowiązki, a przywilej gotowania tego, co chcesz, niesie za sobą obowiązek znoszenia protestów, jeśli reszta rodziny chciałaby dostać coś innego. Żeby nie musieć szykować dwóch zestawów dań i uniknąć kłótni, wielu rodziców w końcu gotuje tylko to, co smakuje dzieciom. Kluski, ryż z pomidorami i frytki urastają więc do rangi głównego pożywienia rodzin z małymi dziećmi.

Na tym etapie być może niepokoją cię kwestie wychowania i dobrych manier. Od małego mnie uczono, że jedzenia się nie wyrzuca, i wydaje mi się rozsądne, by wymagać, żeby dzieci zjadały to, o co prosiły... ale nie to, o co inni prosili w ich imieniu. Poza tym, małe dziecko może się pomylić i poprosić o więcej, niż rzeczywiście zje, z czasem nauczy się lepiej oceniać sytuację. Dorośli mają też w zwyczaju zjadać to, co dostali, nawet jeśli im nie smakuje, i jedząc u kogoś w gościach, wszyscy udajemy i jakoś to wytrzymujemy (chociaż niektórzy dorośli nie mają żadnych zahamowań, by zostawić prawie pełen talerz w restauracji). Ale czy robiliśmy tak również w wieku pięciu lat? W niektórych rodzinach wymaga się, by nikt nie wstawał od stołu, dopóki rodzice nie skończą jeść. Jeśli któraś z tych zasad dobrego wychowania jest dla ciebie ważna, oczywiście powinnaś nauczyć dziecko jej przestrzegania... ale jeszcze nie teraz. Teraz chodzi o to, by rozwiązać poważny problem, później będzie czas na to, by troskliwie i cierpliwie wpoić dziecku zasady savoir-vivre'u. Nie można oczekiwać, by trzyletnie dziecko zachowywało się jak dorosły.

A co można tymczasem zrobić, by nie musieć wyrzucać pozostawionego jedzenia? Nie nakładać dziecku tak dużo na talerz, to oczywiste. Dziecko nie będzie rzecz jasna jadło tyle samo każdego dnia, ale jeśli nałożysz mu odpowiednią ilość, zostawi tylko kilka łyżek od czasu do czasu i jeśli szkoda ci je wyrzucać, sama możesz je zjeść. Ale jeśli każdego dnia na talerzu zostaje połowa posiłku, to oznacza, że nakładasz dziecku dwa razy więcej, niż potrzebuje. To ty wyrzucasz jedzenie, upierając się podawać porcje, o których wiesz, że dziecko ich nie zje.

Ale czy to naprawdę działa?

Historia Adriany i jej synka Juana stanowi doskonały przykład tego, do jakiego stopnia może cierpieć rodzina, której wmówi się, że dziecko należy zmuszać do jedzenia, a zarazem przykład tego, jak łatwo można rozwiązać problem za pomocą odrobiny zdrowego rozsądku.

Od samego początku utrudniano matce karmienie piersią synka: te same pielęgniarki, które odmówiły przyniesienia jej dziecka przed upływem sześciu godzin od porodu, mimo jej próśb, powiedziały jej potem: „Skoro nie umie ssać piersi, nie może przez tyle godzin nic nie jeść" i podały małemu butelkę.

Typowa historia: butelka, żółtaczka, utrata wagi, popękane brodawki...

Poddałam się, gdy pediatra i pielęgniarka wyśmiali mnie z powodu tego, że wciąż próbowałam.

Tym razem jednak nie było tak łatwo. Juan nie wypijał tyle mieszanki, ile „powinien", nie przybierał na wadze zgodnie z przewidzianym wykresem, odwiedzał różnych pediatrów, wypróbował wszystkie marki mleka (włączając w to mleko zapobiegające refluksowi i przeciwalergiczne). Poszedł do szpitala, zrobiono mu dwie gastroskopie, testy alergiczne, wlew doodbytniczy, badania krwi…

Aż wreszcie znaleźliśmy wymówkę i chorobę (przerost odźwiernika), która wydawała się powodować, że ujście żołądka było u niego częściowo zwężone (nie było jednak całkowitej pewności, tylko to mu znaleźli). Hurra, coś w końcu nam powiedzieli.

Potem przyszły zatwardzenia, czopki, lewatywy, wlewki doodbytnicze, przyspieszyli mu rozszerzanie diety, żeby się przekonać, czy posmakują mu pokarmy stałe, słoiczki, saszetki z purée i ogromne ilości jedzenia na próżno wyrzucane do śmieci.

Mały rósł i przybierał na wadze bardzo wolno, wymiotując codziennie, wśród krzyków, gróźb, przekupywania, śpiewów, wycieczek na balkon, klapsów w pakiecie, zabawek, teatrzyków, bajek itd.

W wieku dwóch lat i dziewięciu miesięcy Juan ważył 12 kg, wymiotował, miał „problemy z zachowaniem", chodził do psychologa, wciąż przechodził badania na oddziale gastroenterologicznym… To wtedy właśnie jego matka przeczytała pierwsze wydanie tej książki.

Nasze życie zmieniło się całkowicie, teraz je nawet więcej niż wcześniej, a na początku był trochę zdezorientowany, jakby zadziwiony, że nie zmuszamy go, by dokończył posiłek, nawet wydawało się, że odczuwa to tak, jakbyśmy zwariowali albo coś w tym stylu. Je więcej, lepiej, nawet prosi mnie o jedzenie między posiłkami. Zmiana była błyskawiczna, od pierwszego dnia, którego zaczęliśmy stosować nowe podejście. […]

Znacząco poprawiła się też kwestia charakteru, chociaż dużo jeszcze trzeba zrobić, naprawić, teraz przechodzi trudny okres, bo jest też trochę zazdrosny o siostrę, ale myślę, że to normalne. Myślę, że pomaga mu jedna rzecz – codziennie ściągam sobie dla niego mleko i robię mu z nim filiżankę (70-90 ml) kakao. Widzi, że ściągam mleko dla niego, że to to samo mleko, które pije jego siostra, i myślę, że to mu pomaga. Zauważyłam też, że odkąd daję mu swoje mleko, ani razu się nie przeziębił, już od ponad miesiąca. [...]

Moim zdaniem to oburzające, że wraz z synkiem i rodziną musieliśmy przejść przez to wszystko, mimo że syn jest zupełnie zdrowy i normalny.

Oczywiście przeczytanie tej książki nie zawsze okaże się tak skuteczne. Jeśli nie, posłuchajcie tylko Aurory:

Akurat skończyłam czytać książkę, kiedy moja córka przestała jeść. I wciąż jest tak wesoła i szczęśliwa.

Przysięgam, że to nie była wina mojej książki. Aurora po prostu przeczytała ją akurat, kiedy jej córka miała dwanaście miesięcy, a co się zwykle dzieje w tym wieku, już wyjaśniliśmy.

CZĘŚĆ TRZECIA

JAK ZAPOBIEC PROBLEMOM

ROZDZIAŁ 6

PIERŚ BEZ KONFLIKÓW

JEDNOZNACZNA RADA

Jak w przypadku niemal wszystkich problemów, również w przypadku konfliktów z dziećmi wokół jedzenia dużo łatwiej jest zapobiegać, niż leczyć. Tytuł i treść tej książki nie zainteresują pewnie par spodziewających się dziecka ani rodziców małych dzieci, które jeszcze jedzą. Większość moich czytelników (czy może raczej czytelniczek?) stanowić będą matki zrozpaczone, ponieważ ich dziecko „nie je" już od wielu miesięcy.

Nie tracę jednak nadziei. Być może jesteś w ciąży albo twoje dziecko jest jeszcze malutkie, a książkę pożyczyła i poleciła ci koleżanka lub kuzynka, która już przez to przeszła. A może planujesz kolejne dziecko i nie chcesz drugi raz przechodzić przez to samo.

Dlatego w tym rozdziale znajdziesz kilka rad co do tego, jak karmić dziecko, by nie pojawiły się konflikty.

Rada nie mogłaby być prostsza:

> Nie zmuszaj dziecka do jedzenia.
> Nie zmuszaj go nigdy, żadnym sposobem,
> pod żadnym pozorem, z żadnego powodu.

Rada ta zajmuje tylko trzy linijki i być może dojdziesz do wniosku, że to niewiele jak na cenę tej książki, rozpiszę się więc trochę dłużej. Niemniej jednak wszystko poza tym fragmentem to ozdobniki, więc jeśli kiedykolwiek zagubisz się w moich dywagacjach i będziesz chciała wrócić do sedna, wróć do tej właśnie rady.

ZAUFAJ SWOJEMU DZIECKU

Wróćmy do samego początku. Po dziewięciu miesiącach oczekiwań wreszcie trzymasz w ramionach swoje dziecko. Nie ruszaj się! Mimo, że co niektórzy będą uparcie przekonywać cię do czegoś wręcz przeciwnego, to właśnie w twoich ramionach jest mu najlepiej.

By nie wywołać konfliktów już na samym początku, najważniejsze, by mieć zaufanie do swojego dziecka. Twoje dziecko wie, czy jest głodne, zegar nie. Większość niemowląt ssie pierś 8-12 razy dziennie, w nieregularnych odstępach. W pierwszych tygodniach życia zwykle spędzają przy każdej piersi 15-20 minut, bo dopiero się uczą, ale bliżej dwóch-czterech miesięcy najczęściej jedzą bardzo szybko, przez 5-7 minut albo nawet mniej. Tak funkcjonuje większość dzieci, ale zawsze znajdzie się ktoś, kto będzie bić rekordy, na plus albo na minus. Jeśli będziesz podawać dziecku pierś wtedy, kiedy poprosi, i karmić tak długo, jak zechce, twoje dziecko zawsze dostanie takie mleko, jakiego potrzebuje.

PIERSIĄ KARMIMY NA ŻĄDANIE

W poprzednich rozdziałach tłumaczyliśmy już, dlaczego. Pewnie pamiętasz, że dzieciom trudno przystosować się do regularnego harmonogramu karmień, ponieważ właśnie zróżnicowanie pór karmienia pozwala im zmieniać skład mleka matki tak, by dostosować je do swoich potrzeb.

Mówią, że nasza cywilizacja boi się wolności; być może właśnie dlatego tak wiele osób wciąż nie jest w stanie zaakceptować karmienia na żądanie i próbuje narzucać dzieciom jakieś ograniczenia. A najsmutniejsze, że czasem ograniczenia te nakłada się tak subtelnie, że wydaje się, iż chodzi o to samo, mimo że tak nie jest. Podajmy przykłady następujących typowych błędów:

Błąd pierwszy: *Przystawiaj dziecko do piersi na żądanie, tzn. nie częściej niż co 2,5 godziny, ani nie później niż po czterech godzinach.*

To nie jest żadne karmienie na żądanie. Taki harmonogram jest elastyczny i to lepsze niż nic, ale nie jest to karmienie na żądanie. Dlaczego dziecko ma się nie napić przed upływem dwóch i pół godziny? Nigdy nie zdarzyło ci się, wychodząc po obiedzie na ulicę, spotkać koleżanki i pójść z nią na kawę? Czy może mówisz jej: „Napij się kawy, jeśli chcesz, ja ci potowarzyszę, ale właśnie pół godziny temu jadłam i kolejny posiłek wypada mi dopiero o piątej"?

Błąd drugi: *W pierwszych tygodniach życia zaleca się karmienie na żądanie, ale później dziecko stopniowo wejdzie we własny rytm.*

Nie wszystkie dzieci wchodzą w jakikolwiek rytm. A spośród tych, które to robią, bardzo niewiele odżywia się zgodnie z wojskowym drylem, który zdaje się sugerować to zdanie (ani co dwie godziny, ani co trzy, ani co cztery). Wybrany rytm będzie już prędzej przypominał cza-czę: kilka karmień następujących krótko po sobie, kilka bardziej oddalonych w czasie, jakaś dłuższa przerwa...[25] Rytm karmienia, jeśli taki istnieje, objawia się zwykle z dnia na dzień: jeśli Laura zwykle rano je kilka razy, a potem długo śpi po południu, jutro pewnie też tak zrobi. Ale może też cię zaskoczyć i to właśnie jest piękne w posiadaniu dzieci. To osoby, a nie roboty.

Błąd trzeci: *Staraj się wydłużać przerwy między karmieniami.*

To też nie jest karmienie na żądanie. Czemu niektórzy mają taką obsesję na punkcie odsuwania karmień w czasie? Jeśli twoje dziecko chce jeść, a ty chcesz je nakarmić, czemu ktoś ma się wtrącać i cię kontrolować? Przerwy między pocałunkami też masz wydłużać? Chciałabyś, żeby ci ktoś „wydłużał przerwy" od niedzieli do niedzieli, od wypłaty do wypłaty albo od urlopu do urlopu?

Może przedsiębiorcy byliby szczęśliwi, gdyby niedziela następowała co dziesięć dni, wypłata co czterdzieści trzy dni, a miesiąc urlopu można byłoby wziąć co półtora roku, ale nawet nie próbują nic takiego proponować. Twoje dziecko, gdyby tylko umiało mówić, zareagowałoby podobnym oburzeniem na wieść, że ktoś próbuje „wydłużyć mu przerwy między karmieniami" (więcej szczegółów na temat wad „wydłużania odstępów między karmieniami" w rozdziale „Czy to źle podjadać między posiłkami?").

Kryzys trzech miesięcy

W wieku dwóch-trzech miesięcy, jak powiedzieliśmy, niektóre dzieci nabierają takiej wprawy, że mogą najeść się w ciągu pięciu czy siedmiu minut, a niektóre nawet w ciągu trzech. Jeśli nikt nie uprzedził matki, że tak będzie, jeśli wmawiano jej te dziesięć minut, uzna, że dziecko nie zjadło wystarczająco dużo, tak jak pomyślała Encarna:

Mam córeczkę w wieku czterech miesięcy. Mój problem polega na tym, że nie wiem, czy ona wystarczająco dużo zjada, bo przy każdej piersi spędza tylko 3-4 minuty, i boję się, czy to nie dlatego, że nie dostaje dość dużo mleka. Kiedy miała dwa miesiące, jadła przez jakieś dziesięć minut z jednej piersi, a potem jeszcze pięć z drugiej i bardzo szybko przybierała na wadze, teraz za to wygląda, jakby trochę spadała ze swojej krzywej wzrostowej.

Zauważyłam też, że moje piersi nie są tak pełne mleka, jak wcześniej, kiedy mleko nawet samo kapało.

Niepokoi mnie to, że przez pierwsze kilka minut mała połyka dużo i szybko, a potem zaczyna chwytać pierś i puszczać, jest niespokojna. Muszę zmieniać pierś i próbować różnych pozycji, żeby spędziła przy piersi w sumie dziesięć minut. Zastanawiam się, czy zachowuje się tak dlatego, że chce więcej, czy nie.

Do tego wydaje mi się, że teraz wytrzymuje krócej między jednym karmieniem a drugim, szczególnie w nocy, bo spała pięć-sześć godzin jednym ciągiem, a teraz tylko trzy, maksymalnie cztery.

Pediatra powiedział, że mogę zacząć podawać jej sztuczne mleko z butelki, ale spróbowałam i mała nie chce, nawet kiedy butelkę podaje ktoś inny.

Ta matka doskonale wyjaśniła wszystkie aspekty „kryzysu trzech miesięcy":

1. Dziecko, które wcześniej jadło przez dziesięć minut lub dłużej, teraz kończy karmienie po pięciu minutach albo wcześniej.
2. Piersi, które wcześniej były nabrzmiałe, teraz są miękkie.
3. Mleko, które wcześniej kapało, już nie kapie.
4. Przyrost wagi jest coraz mniejszy.

Wszystko to jest zupełnie normalne. Obrzmienie piersi w ciągu pierwszych tygodni ma niewiele wspólnego z ilością mleka, to raczej przejściowy stan, związany z uruchomieniem produkcji mleka. Obrzmiałe piersi i kapanie mleka to „problemy rozruchowe", które znikają, gdy laktacja ustabilizuje się na komfortowym poziomie.

Przyrost wagi natomiast oczywiście jest coraz wolniejszy. Dzieci w każdym kolejnym miesiącu przybierają na wadze trochę mniej niż w poprzednim. Dlatego krzywe wzrostowe to właśnie krzywe, gdyby tak się nie działo, byłyby to linie proste. W wieku jednego do dwóch miesięcy dzieci karmione piersią zwykle przybierają na wadze, według tabel WHO, od 500 do 1500 g, ze średnią na poziomie 1000 g (pomijamy pierwszy miesiąc, ponieważ z powodu utraty wagi, a następnie jej odzyskiwania, liczby wykazują się zbyt dużą zmiennością). Gdyby dalej rosły w tym samym tempie, w ciągu roku zyskałyby od 6 do 18 kg, średnio 12 kg. W rzeczywistości natomiast w ciągu pierwszego roku życia dziewczynki przybierają na wadze mniej więcej 4,5 do 7 kg, średnio ok. 6 kg. To oznacza, że nawet dziewczynka, która w pierwszym miesiącu przybrała 500 g (co wielu osobom wydaje się przyrostem bardzo małym, ale w rzeczywistości jest normalne), w pewnym momencie zacznie przybierać jeszcze mniej. Powtórzmy, że wszystkie powyższe przyrosty wagi to liczby zaokrąglone i uśrednione. Dla chłopców zwykle są trochę wyższe niż dla dziewczynek.

Oczywiście, że córka Encarny nie chciała mleka z butelki: nie była głodna. Niestety nie wszystkie dzieci wykazują się taką miłością własną i czasem, szczególnie w obliczu nalegań, akceptują butelkę, mimo że nie są głodne. Na wszelki wypadek nie próbuj!

Gdyby ktoś wytłumaczył Encarnie, co się będzie działo, nie martwiłaby się w najmniejszym stopniu. Jednak zmiana ją zaskoczyła.

Gdyby jednak Encarna czuła się pewnie i ufała w swoją zdolność wykarmienia dziecka piersią, nie martwiłaby się mimo tego zaskoczenia. Bo najbardziej logiczne, rozsądne wytłumaczenie zmian byłoby następujące: „Mam tyle mleka, że mojej córce starcza już po trzech minutach". Jednak w naszym społeczeństwie obawa przed niepowodzeniem w karmieniu piersią jest tak duża, że co by się nie działo, matka zawsze uzna (albo ktoś jej powie), że nie ma mleka.

Ta mama ujawnia też kolejny współczesny mit: że dzieci z czasem „uczą się" przesypiać coraz więcej czasu. Tymczasem w rzeczywistości dzieci spędzają coraz więcej czasu w stanie czuwania. To prawda, że pewnego dnia maluch prześpi więcej czasu jednym ciągiem: w wieku trzech czy czterech lat prawdopodobnie będzie przesypiać całą noc. W wieku czterech miesięcy jednak raczej nie. W okresie od urodzenia do ukończenia przez dziecko czterech miesięcy zmiana, którą najprawdopodobniej zauważysz, polegać będzie raczej na tym, że dziecko będzie spać coraz mniej. Większość dzieci karmionych piersią w pierwszych latach życia je kilka razy w ciągu nocy (co zawsze jest wygodniejsze niż szykowanie butelki o świcie, szczególnie jeśli dziecko śpi w naszym łóżku).

Ta matka zaczęła już zmuszać swoją córkę do jedzenia. Stąd droga wiedzie już tylko po równi pochyłej w dół. Łatwo przewidzieć, że jeśli mama nie zdecyduje się na radykalne zmiany, wprowadzenie pokarmów stałych zamieni się w wojnę.

CO MOGĘ ZROBIĆ, ŻEBY MIEĆ WIĘCEJ MLEKA?

A po jakie licho chcesz mieć więcej mleka? Sklep zakładasz czy co?

Obawa matek, czy będą miały dość dużo mleka, jest bardzo stara: już wieki temu, gdy cały świat karmił piersią, istnieli święci „wyspecjalizowani" w dobrym mleku oraz zioła i mikstury cieszące się doskonałą reputacją w tym zakresie.

Obawa ta być może wynika z niewiedzy. Ludzie wierzyli, że ilość mleka zależy od matki – mielibyśmy więc matki produkujące duże ilości mleka i takie, które wytwarzają go mało, matki o dobrym mleku i matki o pokarmie złym.

W naszym zaawansowanym świecie jest coraz więcej „złego pokarmu", ale teraz wiemy już, że nie jest to wina matek. Ilość mleka nie zależy od matki, tylko od dziecka. Są dzieci, które ssą dużo, i dzieci, które ssą mało, a mleka będzie zawsze dokładnie tyle, ile wypija dziecko.

Dokładnie tyle? Właśnie tak. Produkcja pokarmu z minuty na minutę regulowana jest ilością mleka, którą twoje dziecko wypiło podczas poprzedniego karmienia. Jeśli dziecko było bardzo głodne i opróżniło pierś całkowicie, produkcja mleka będzie się odbywać bardzo szybko. Jeśli natomiast maluch nie miał za bardzo ochoty na jedzenie i zostawił pierś w połowie, mleko będzie produkowane powolutku. Wykazano to za pomocą dokładnych pomiarów powiększania się objętości piersi pomiędzy karmieniami[26].

Żeby matka miała za mało mleka, czyli mniej, niż potrzebuje jej dziecko, musi zaistnieć jedna z następujących sytuacji:

1. Dziecko *nie zjada wystarczająco dużo* (na przykład kiedy jest chore, napełniono mu brzuszek wodą, roztworem glukozy, ziołami albo karmiono butelką).
2. Dziecko *je, ale w niewłaściwy sposób* (na przykład jeśli nieprawidłowo układa język na skutek przyzwyczajenia do smoczków i butelki, jest słabe na skutek dużej utraty wagi, ma jakiś problem neurologiczny albo bardzo krótkie wędzidełko, które nie pozwala mu odpowiednio poruszać językiem).
3. Dziecku *nie pozwala się jeść*, bo próbuje się karmić je według harmonogramu albo zabawiać smoczkiem, kiedy prosi o pierś.

Z wyłączeniem tych trzech przypadków (i kilku rzadkich chorób, w rodzaju tych, które występują raz na wiele tysięcy dzieci) wszystkie matki będą miały dokładnie tyle mleka, ile potrzebuje ich dziecko.

Dlatego w obliczu pytania „co zrobić, żeby mieć więcej mleka" najpierw należy sprawdzić, czy rzeczywiście występuje jakiś problem (jeśli dziecko traci na wadze lub przybiera bardzo mało). Prawdopodobnie chodzi o któryś z powyższych przypadków, ewentualnie mieszankę wszystkich trzech, i trzeba będzie znaleźć jakąś radę. Jeśli dziecko jest chore, trzeba sprawdzić, co mu dolega, i wyleczyć malucha. Jeśli jest tak słabe, że nie ma siły ssać, trzeba odciągać mleko i podawać mu je innym sposobem. Jeśli podawano mu wodę albo smoczek, należy przestać je podawać. Jeśli dokarmiano je butelką, trzeba ją również odstawić (od razu, jeśli dostawało niewielkie ilości, lub stopniowo w ciągu kilku dni, jeśli chodziło o wiele karmień). Jeśli jadło w niewłaściwej pozycji, trzeba przystawiać je prawidłowo, by na nowo się nauczyło. Bardzo przyda się tu pomoc grupy matek, takiej jak La Leche League. W kraju są dziesiątki grup wsparcia w zakresie karmienia piersią.

Jest jednak wiele przypadków, w których matka z różnych przyczyn sądzi, że nie ma (dość dużo) mleka i myli się.

Poniżej wymieniam niektóre fałszywe „objawy" braku mleka:

- Dziecko płacze.
- Dziecko nie płacze.
- Dziecko chce jeść przed upływem trzech godzin.
- Dziecko chce jeść po upływie trzech godzin.
- Dziecko je dłużej niż dziesięć minut.
- Dziecko je przez pięć minut i nie chce więcej.
- Dziecko je w nocy.
- Dziecko nie je w nocy.
- Moja matka też nie miała mleka.
- Moja matka za to miała mleko.
- Piersi są bardzo pełne.
- Piersi są zupełnie puste.
- Mam za mały biust.
- Mam za duży biust.
- Ale ja nie mam brodawek.
- Ale ja mam trzy brodawki (Śmiejesz się? A wiele matek zupełnie poważnie twierdzi, że „nie ma brodawek". Gwarantuję ci, że dużo łatwiej jest mieć trzy brodawki, niż nie mieć żadnej.).

Zaniepokojona którymkolwiek z tych objawów matka decyduje, że musi coś zrobić, żeby mieć więcej mleka. Jeśli zdecyduje się zrobić coś bezużytecznego, ale niegroźnego, jak na przykład jeść migdały albo zapalić świeczkę świętemu Antoniemu, pewnie nic złego się nie stanie, a może nawet matka uwierzy, że ma więcej mleka, i wszyscy będą zadowoleni.

Czasem jednak matka próbuje zrobić coś, co rzeczywiście działa, a przynajmniej może zadziałać. W tych przypadkach rady ludzi, którzy coś o karmieniu piersią wiedzą, mogą stać się nawet bardziej szkodliwe niż rady osób, które nie wiedzą o nim nic.

Historia Eleny pokazuje, w jaką głębię rozpaczy można popaść w pierwszych miesiącach życia dziecka, jeśli połączymy te nieszczęsne dziesięć minut, przeklętą wagę i kilka pozornie rozsądnych rad, które jednak są zupełnie nie na miejscu, bo nie było żadnego problemu, który należałoby rozwiązać:

Mój synek, który ma trzy miesiące i dziesięć dni, waży tylko 5640 g, urodził się z wagą 3120 g i w ciągu trzech pierwszych dni tracił na wadze aż do 2760 g. Podstawowy problem polega na tym, że on nigdy nie chce przyssać się do piersi. Najpierw karmiłam go co trzy godziny, ale zawsze zjadał bardzo malutko; potem pediatra zalecił karmienie co dwie godziny, a ponieważ sytuacja się nie poprawiła, doradzono mi, żebym przystawiała go co chwilę. Sytuacja nie tylko się nie poprawia, ale wręcz wymknęła się spod kontroli: ładnie i spokojnie je wyłącznie w nocy, a w dzień tylko wtedy, jeśli jest na wpół śpiący. Robiłam wszystko, co mi powiedzieli: opróżniałam pierś przed karmieniem, żeby dostawał bardziej kaloryczne mleko, przestrzegam diety bez mleka krowiego i produktów pochodnych i robię tysiąc innych rzeczy, które doprowadzają mnie do szaleństwa, a dotąd nic nie dały. Próbowaliśmy podawać mu butelkę, ale mieszanki też nie chce. Pediatra mówi, że jest zdrowy (zrobili mu już badania krwi) i wszystko wygląda normalnie, ale ta sytuacja jest dla mnie naprawdę trudna – żyję w ciągłym strachu, martwiąc się, czy podczas następnego karmienia będzie jadł, czy nie, ciągle muszę też wyczekiwać na moment, kiedy przyśnie, żeby włożyć mu brodawkę do buzi i czekać, może szczęśliwie coś przełknie. Nigdy nie mogę za nic się wziąć, niemal nie mogę wyjść z domu, na wypadek gdyby synkowi nagle zachciało się jeść. Do tego martwię się, bo waga małego jest poniżej średniej.

Waga tego dziecka znajduje się na 7 centylu, co oznacza, że siedmioro na każde sto dzieci w jego wieku waży mniej – to 35 000 z każdych 500 000 dzieci, które co roku rodzą się w Hiszpanii. I co mają powiedzieć matki tych 35 000? To całkowicie normalna waga.

Największy problem stanowi jednak nie waga, ale fakt, że „zjadał bardzo malutko", co oznacza (ponieważ przy karmieniu piersią nie wiadomo, ile dziecko zjada), że jadł bardzo szybko. Ilu cierpień można było uniknąć, gdyby jeszcze w okresie ciąży ktoś wytłumaczył tej matce, że niektóre dzieci jedzą szybko, a inne wolniej i że w ogóle nie należy patrzeć na zegarek. Ilu cierpień można byłoby uniknąć, gdyby ktoś na pierwszą skargę o to, że jej dziecko „bardzo malutko zjada", odpowiedział matce: „Jasne, jest taki sprytny, że od razu nauczył się szybko ssać!". Zamiast tego powiedziano jej, że owszem, jest problem, dziecko mało zjada… i poradzono jej, co zrobić, by zjadało więcej. A rady te oczywiście skazane były na porażkę, ponieważ dziecko nie miało potrzeby, a co za tym idzie nie mogło zjadać więcej.

W ciągu zaledwie czterech miesięcy sytuacja tak się pogorszyła, że dziecko je wyłącznie podczas snu. Psycholog mógłby określić to mianem jadłowstrętu, który przeszkadza mu jeść w porze czuwania. Może opowiedziałby nam o „dobrym i złym pokarmie". Nie trzeba jednak zagłębiać się w psychologiczne dywagacje, by zauważyć, że jeśli dziecko ssało przez sen i we śnie całkowicie zaspokoiło swoje zapotrzebowanie (co wyraźnie widać, ponieważ normalnie przybiera na wadze), nie może jeść dalej, kiedy czuwa. Jadłoby dwa razy tyle, ile potrzebuje. Pękłoby.

To dziecko nie będzie mogło jeść na jawie, póki matka nie przestanie go karmić przez sen. A ma tylko cztery miesiące, nie dostaje jeszcze zawsze konfliktowych pokarmów stałych, czeka go jeszcze utrata apetytu w okolicy roku… Jeśli nie wprowadzi się radykalnych zmian, sytuacja w tej rodzinie naprawdę może stać się rozpaczliwa.

Jak maluch postrzega tę sytuację? Przede wszystkim nic nie rozumie. Nic nie wie o tych dziesięciu minutach ani o żadnym 7 centylu wagi. Jadł sobie spokojnie tyle, ile potrzebuje, aż tu nagle zaczęły się dziać dziwne rzeczy. Zaczęli go częściej budzić na karmienie… pełen dobrej woli starał się dostosować, oczywiście jedząc krócej. Czasami ktoś zabierał to bardziej wodniste mleko, które pojawia się na początku karmienia i od pierwszego łyka płynęło tylko mleko gęste, tłustsze i bardziej kaloryczne. Logiczne więc, że podczas tych karmień kończył jeść jeszcze wcześniej. Oczywiście nie chciał słyszeć o żadnych butelkach („Kiedy ja już dzisiaj rano jadłem osiem razy!"). Za każdym razem reagował w sposób logiczny, nie rozumiejąc, że jego matka i jej doradcy martwią się coraz bardziej. Od kilku tygodni ma dziwne „koszmary": śni mu się, że do jego buzi wsuwa się sutek, a żołądek napełnia się mlekiem. A najdziwniejsze, że ten sen wydaje się niezwykle realny – nawet budzi się najedzony, ociężały i nie może już jeść w ciągu dnia.

Jego mama wydaje się coraz bardziej zmartwiona, maluch często widzi, jak płacze, i zaczyna się bać. Gdyby mógł mówić, na pewno powiedziałby nam to samo, co jego mama: „Doprowadzają mnie do szaleństwa". A gdyby mógł zrozumieć, co się dzieje, na pewno starałby się jeść wolniej i spędzić przy piersi te nakazane dziesięć minut (zjadając oczywiście tę samą ilość mleka, w końcu nie chodzi o to, by się napychać), żeby nikt nie musiał się martwić. On jednak nie rozumie, co się dzieje, nie może więc wykonać tego gestu dobrej woli. Tylko jego matka może wprowadzić zmiany – jeśli tego nie zrobi, problem potrwa miesiące lub lata.

DLACZEGO TWOJE DZIECKO NIE CHCE BUTELKI

Mamy córkę w wieku czterech i pół miesiąca, która waży 5950 g. Do tej pory karmiłam ją wyłącznie piersią, ale uważamy, że trzeba ją dokarmiać. Problem w tym, że ona nie chce pić z butelki [...]. Próbowaliśmy podawać jej mieszankę przed karmieniem piersią i po karmieniu, ale tak czy siak jeść nie chce.

Nigdy nie dowiedziałem się, dlaczego ci rodzice uznali, że córkę należy zacząć dokarmiać. Na pierwszy rzut oka widać zresztą, że dziewczynka też tego nie wie. Ale co jeszcze musi zrobić dziecko, żeby dać do zrozumienia, że nie potrzebuje ani nie chce butelki?

Małe dzieci, szczególnie przez pierwsze dwa miesiące, są tak głupiutkie, że czasem dają się oszukać i piją mleko z butelki, mimo że nie są głodne. Większe jednak bronią się zębami i pazurami, tak daleko już zaszliśmy!

Dlaczego twoje dziecko nie chce jeść innych pokarmów

Z reguły dzieci karmione butelką akceptują pokarmy stałe łatwiej niż dzieci karmione piersią. Wynika to prawdopodobnie z faktu, że mleko matki zawiera wszystkie witaminy i składniki odżywcze, których dziecko potrzebuje, a sztuczne mieszanki nie. (Dziwi cię to? Co kilka lat producenci mleka bombardują nas reklamami jakiegoś nowego składnika odżywczego, który właśnie wprowadzili do swoich produktów, by sprawić, że będą „bardziej przypominać mleko matki". W ciągu kilku lat obserwowaliśmy pojawienie się tauryny, nukleotydów, wielonienasyconych kwasów tłuszczowych o długich łańcuchach węglowych, selenu… Mleko, które my dostawaliśmy w dzieciństwie, nic z tego nie zawierało. A ponieważ badania trwają, należy oczekiwać, że w ciągu kilku następnych lat znowu coś dorzucą. Mleko matki, które możesz produkować codziennie w domu, już dziś zawiera wszystkie składniki odżywcze, które mleko modyfikowane będzie zawierać za lat dziesięć, pięćdziesiąt, pięćset…)

Nasza aktualna wiedza wskazuje na to, że najrozsądniej jest zacząć proponować dziecku nowe pokarmy w wieku sześciu miesięcy. Niektóre dzieci zajadają je z zadowoleniem i pewnie niektóre naprawdę ich potrzebują. Ale mówimy tu o „proponowaniu", a nie „wciskaniu" – dziecko może zjeść lub nie. Niektóre dzieci karmione piersią ani myślą próbować jakichkolwiek nowych produktów spożywczych przed ukończeniem ośmiu-dziesięciu miesięcy, a czasem nawet dłużej. Są zupełnie zdrowe i szczęśliwe, ich waga i wzrost pozostaje w normie, rozwój psychoruchowy przebiega doskonale... ale wystarczy im mleko matki, więc nie chcą jeść nic więcej.

Matki dzieci karmionych piersią w wieku mniej więcej 6-12 miesięcy przyprawia to o niezły ból głowy. Ich maluchy oprócz piersi ledwie „skubną" co nieco (raz kawałątek banana, raz odrobinę chleba, innym razem znów jeden makaronik). Zawsze można usłyszeć jakąś miłą uwagę: „Twoja Laura jeszcze nic nie je? Powinnaś zobaczyć moją Jessicę, jak jej smakuje kleik z dwunastu zbóż na mleku".

Ten się śmieje, kto się śmieje ostatni. Dzieci karmione piersią później akceptują pokarmy stałe, ale kiedy już to zrobią, zwykle nie lubią sklepowych słoiczków i kleików, za to zajadają się kuchnią swojej mamy. Na początku drugiego roku życia karmione piersią dziecko z reguły wcina zupę pomidorową, pulpety z ziemniakami i kanapki z szynką, całymi łyżkami i wielkimi gryzami, a na dodatek własnoręcznie.

Inne dzieci, tak jak synek Julii, działają odwrotnie – przez pewien czas akceptują papki i przeciery, ale później zdają się zmieniać zdanie:

Co zrobić, jeśli piętnastomiesięczne dziecko, które jadło normalnie odkąd skończyło sześć miesięcy, nagle nie chce jeść, bo myśli tylko o tym, żeby się przyssać do piersi. Odkąd skończył dziesięć miesięcy, pił mleko z piersi tylko do snu, ale po pierwszych urodzinach zrezygnował z jedzenia i całe zainteresowanie skupia tylko na piersi.

Co zrobić? Nic. Jeśli zostawi się malucha w spokoju, na pewno za kilka tygodni albo miesięcy zacznie znów jeść inne rzeczy. Jeśli spróbujemy go zmusić do jedzenia innych produktów albo zaczniemy odmawiać mu piersi, też na pewno w końcu zacznie jeść coś innego (a co myślałaś, że w wieku dwudziestu lat wciąż będzie chciał tylko cyca?), ale prawdopodobnie potrwa to trochę dłużej i będzie go kosztować więcej nieprzyjemności.

ROZDZIAŁ 7

BUTELKA BEZ KONFLIKTÓW

BUTELKĄ TEŻ KARMIMY NA ŻĄDANIE

Przez pewien czas, kiedy zaczął rozpowszechniać się pogląd, że karmić piersią należy na żądanie, wiele osób akceptowało fakt, że „no dobrze, owszem, piersią można karmić na żądanie, bo mleko matki jest bardzo lekkostrawne i żołądek opróżnia się bardzo szybko. Ale butelkę należy podawać o dokładnie wyznaczonych porach, żeby uniknąć rozregulowania pracy jelit, ponieważ mleko modyfikowane trudniej się trawi".

Rzecz w tym, że nikt nie wie, o jakie rozregulowanie pracy jelit może tu chodzić, a z aktualnych zaleceń, począwszy od standardów ESPGHAN (1982), wynika, że karmienie butelką – tak jak piersią – powinno odbywać się na żądanie, zarówno jeśli chodzi o pory podawania mleka, jak i jego ilość[18].

Ile matek zostało zmuszonych do zakończenia karmienia piersią, bo dziecko „niewystarczająco przybierało na wadze", tylko po to, by odkryć, że nie dopija mleka z butelki i przybiera jeszcze mniej!

Jeśli twoje dziecko wypija 120 ml duszkiem, daj mu 150, ale

jeśli zawsze zostawia 30, przygotuj 90 ml, mleka przecież darmo nie dają. Jeśli będzie chciało jeść przed upływem 3 godzin, spokojnie daj mu jeszcze trochę. A jeśli któregoś dnia prześpi 5 godzin, ty też odpocznij, to się w końcu nie zdarza codziennie.

Dlaczego nie wypija całej butelki?

Mamy synka w wieku dwóch i pół miesiąca, który po urodzeniu ważył 2950 g, a teraz waży 5840 g. W ciągu ostatnich dwóch tygodni niemal nie przybrał na wadze (100 i 80 g). Nie martwiłoby mnie to tak, gdyby nie fakt, że nie dopija mleka z butelki. Ciągle jeszcze je 120 ml (jeśli wypije wszystko).

(Skarga Rosany zasługuje na nawias. Rosana twierdzi, że gdyby jej dziecko dopijało butelkę, waga by jej nie martwiła. Setki razy słyszałem podobne uwagi, wyjaśniając matkom, że waga ich dzieci – tak jak waga synka Rosany – jest w normie: „No tak, ja przecież nie chcę, żeby był gruby, chcę tylko, żeby jadł...". Ale jak ma jeść więcej i nie tyć? Chyba że ma tasiemca...)

Dzieci z reguły nie dopijają butelki. Ilość mleka zalecana na puszce dla danego wieku, tak samo jak ilość zalecana przez pediatrę, zawsze jest przesadzona. Musi być przesadzona. Nie wszystkie dzieci potrzebują takiej samej ilości mleka. Jeśli eksperci doszli do wniosku, że dzieci w jakimś konkretnym wieku potrzebują, powiedzmy, od 120 do 160 ml mleka, na puszce nie podadzą liczby 120, bo byłoby to za mało niemal dla wszystkich. 140 też nie, bo nie wystarczyłoby to połowie dzieci. Oczywiście sytuacja, w której dziecko będzie chodzić głodne, jest bardziej niebezpieczna niż przypadek, w którym zostanie mu trochę mleka w butelce, trzeba więc podać przynajmniej 160 ml. Oczywiście jednak eksperci przeprowadzili obliczenia w oparciu o najbardziej typowe przypadki i dzieci. A jeśli niektóre maluchy będą potrzebować trochę więcej mleka albo pomyliliśmy się w obliczeniach? Na wszelki wypadek podajmy 165 ml. Ale mleko szykuje się, dając miarkę na każde 30 ml wody, więc dawanie pół miarki sprawi matce kłopot... trzeba więc zaokrąglić do 180 ml. Skutek: żadne dziecko nie zostanie głodne, ale wiele zostawi część mleka. Jeśli nikt nie uprzedzi matki, że maluch może coś zostawić, i że to normalne, mama może próbować siłą wcisnąć mu te 180 ml, gdy tymczasem jej dziecko należy do tych, które potrzebują tylko 120 ml. I wojna gotowa.

Wielu z nas, pediatrów, uważa, że do wielkich zalet karmienia piersią należy fakt, że nie widać, ile dziecko zostawia. A propozycja, by produkować butelki z aluminium, żeby matka nie widziała, czy są puste, to już nasz stary zawodowy dowcip.

ROZDZIAŁ 8

DRAŻLIWA KWESTIA KLEIKÓW

Wojna matki i dziecka o pierś czy butelkę może być straszliwa, ale na szczęście występuje rzadko. Wprowadzanie kleików pociąga za sobą nowe zagrożenie i trzeba tu zachować wyjątkową ostrożność.

Oczywiście mówiąc o „kleikach” mamy na myśli nie tylko produkty przecierane, podawane łyżeczką. Jak wyjaśniliśmy wcześniej (zob. „Zalecenia ESPGHAN”), używamy tego sformułowania w znaczeniu ogólnym, które odnosi się do wszelkich produktów spożywczych, z pominięciem mleka matki lub mleka modyfikowanego, niezależnie, czy są one płynne jak rumianek, czy stałe jak biszkopcik.

Wiele matek bombarduje się taką ilością zaleceń, zalecenisk i zaleconek dotyczących żywienia ich dziecka, że w końcu głowa im puchnie jak balon. Do rad pediatry i pielęgniarki, czasami dużo bardziej szczegółowych niż oszczędne wytyczne ekspertów, dołączają zalecenia krewnych, przyjaciółek, a wreszcie najdziwniejsze wierzenia ludowe i nieludowe, od „zbyt intensywnych” produktów po pokarmy „niekompatybilne”.

Niezdolna przestrzegać wszystkich reguł naraz, matka często decyduje się olać to wszystko i robi, co chce, ryzykując, że czystym przypadkiem pominie akurat jedną z tych naprawdę ważnych zasad. By zapobiec powstaniu tego problemu, rozróżnijmy wyraźnie z jednej strony te kilka punktów, co do znaczenia których istnieje mniej lub bardziej ogólna zgodność (w oparciu o zestaw standardów międzynarodowych omówionych w „Kalendarzu rozszerzania diety"), a z drugiej strony kilka rad, które mnie osobiście wydają się przydatne (ale każdy może mieć własne zdanie).

Przeglądając książkę przed trzecim wydaniem, zdałem sobie sprawę, że umieściłem w niej za dużo reguł. Niektóre zasady, które uznałem za ważne, aż tak istotne nie są. Opierałem się w ich przypadku na zdaniu ekspertów, a nie na badaniach naukowych, a wygląda na to, że ostatnio eksperci zdanie zmieniają.

Kilka istotnych drobiazgów

Ważne, żeby pamiętać o następujących faktach, chociaż nie należy traktować ich jak dogmatów:

- Nigdy nie zmuszać dziecka do jedzenia.
- Do ukończenia przez dziecko sześciu miesięcy karmić je wyłącznie piersią (żadnych produktów stałych, soków, wody, ziół ani nic podobnego).
- Od ukończenia przez dziecko sześciu miesięcy zacząć proponować mu (nie zmuszając) inne produkty, zawsze po karmieniu piersią. Dzieciom, które nie są karmione piersią, proponować przynajmniej pół litra mleka modyfikowanego dziennie.
- Z zasady nie podawać wielu nowych produktów naraz i zaczynać od małych ilości.
- Ostrożnie podawać gluten (dowolny produkt zawierający pszenicę, owies, żyto lub jęczmień).

- Odcedzać produkty, nie napełniać dziecku brzuszka wodą z ich gotowania.
- Nie ma pośpiechu z wprowadzaniem produktów, które często wywołują alergię (przede wszystkim mleko krowie i jego pochodne, jaja, ryby, soja, orzechy ziemne i wszelkie inne produkty, na które uczuleni są członkowie rodziny dziecka), szczególnie u dzieci, w których wywiadzie rodzinnym występuje alergia.
- Nie dodawać do pokarmów soli ani cukru.
- Kontynuować karmienie piersią do wieku dwóch lat lub dłużej.

Są przypadki, w których można wprowadzić dziecku jakieś produkty wcześniej niż w wieku sześciu miesięcy (nie wcześniej jednak niż w wieku czterech), na przykład kiedy matka musi chodzić do pracy. Albo jeśli dziecko wyraźnie prosi o jedzenie, stara się je chwytać i wkładać do buzi.

„Proponować" oznacza, że jeśli chce, to zje, a jeśli nie chce, to nie zje. Wiele dzieci nie chce jeść nic oprócz mleka matki do wieku ośmiu lub dziesięciu miesięcy, a nawet dłużej.

Pokarmy stałe należy proponować po karmieniu piersią, a nie przed, ani tym bardziej zamiast niego. Tylko tak można zagwarantować, że dziecko będzie wypijać wystarczająco dużo mleka. W wieku 6-12 miesięcy zaleca się proponowanie przynajmniej pół litra mleka dziennie (oczywiście jest to zaokrąglona liczba i wielu dzieciom może wystarczyć mniej). Dziecko karmione butelką może odfajkować zadanie, wypijając 250 ml mleka dwa razy dziennie, niektóre dzieci jednak nie lubią pić tak dużo naraz, nie zakładaj więc, że dziecko nie chce więcej mleka, dopóki nie zaproponujesz mu go w formie, w której gotów jest je wypić: w postaci czterech-pięciu posiłków, przed napełnieniem brzuszka przecierami i kleikami. Nie można natomiast oczekiwać, że karmione piersią dziecko będzie piło po 250 ml co 12 godzin – byłoby to bardzo uciążliwe dla matki, ponieważ piersi zbyt mocno by się napełniały. Logiczniejsze wydaje się, by maluch wypijał po 100 ml pięć razy dziennie lub 70 ml siedem razy dziennie. Oczywiście ty nie wiesz (tak jak nie wiedziałaś przed wprowadzeniem pokarmów stałych), ile mleka wypija dziecko karmione piersią, ale jeśli przystawiasz je do piersi przed podaniem pozostałych posiłków, możesz być spokojna.

Krok po kroku. We wcześniejszych wydaniach tej książki podawaliśmy jako ważne zalecenie AAP z 1980 r., mówiące o tym, by nowe pokarmy wprowadzać pojedynczo, w minimalnych odstępach przynajmniej jednego tygodnia, by można było wykryć, jeśli któryś produkt nie posłuży dziecku. Naga prawda wygląda natomiast tak, że nigdy nie przeprowadzono żadnych badań naukowych, z których wynikałoby, że jest to konieczne, dogodne albo przydatne. Wydawało się to po prostu logiczne i rozsądne. Jest to jednak zasada, która łatwo może przerodzić się w obsesję i bardzo nas ogranicza, jeśli chcemy pozwolić dzieciom na eksperymenty („Dziś rano wprowadziłam mu banana, a po południu łapie za kawałek chleba, co robić? Chleb mu się należy dopiero w następnym tygodniu!"). Zakładam, że to wciąż dobry pomysł, by nie wprowadzać nagle dziecku w wieku sześciu miesięcy i jednego dnia całej góry nowych produktów za jednym zamachem, nie martwiłbym się też jednak, jeśli skosztuje dwóch czy trzech nowinek tego samego dnia.

Gluten. W pierwszym wydaniu tej książki zalecałem podawanie glutenu w wieku ośmiu miesięcy, ale ostrzegałem już, że to podejście co najmniej dyskusyjne. A dyskusje trwają. Powodem, dla którego interesuje nas kwestia glutenu, jest fakt, że u osób mających genetyczne predyspozycje wywołuje on poważną chorobę, celiakię. Niedawne badania skandynawskie[27, 28] potwierdzają, że karmienie piersią zmniejsza ryzyko zachorowania na celiakię, jednak wykazują, że najważniejszym czynnikiem nie jest, jak dawniej sądzono, jak najpóźniejsze wprowadzanie glutenu, ale że chodzi o to, by wprowadzać go w bardzo małych ilościach, w okresie, gdy dziecko wciąż karmione jest piersią.

W praktyce dobrze jest, by dziecko piło mleko matki przynajmniej przez miesiąc (a im dłużej, tym lepiej) po wprowadzeniu glutenu, oraz by przez pierwszy miesiąc lub dwa dostawało bardzo niewielkie ilości tego składnika. Jeśli zamierzasz odstawić dziecko w wieku sześciu czy siedmiu miesięcy, lepiej, by pierwsze produkty, podane w wieku sześciu miesięcy, od razu zawierały gluten. A jeśli chcesz karmić dłużej, czy należy opóźnić podanie glutenu? Nie jest to do końca jasne, ale istnieje badanie, w którym wprowadzenie glutenu po ukończeniu przez dziecko siedmiu miesięcy powiązano z nieco wyższym ryzykiem wystąpienia celiakii. Dlatego w wytycznych z 2008 r. [29] ESPGHAN zaleca wprowadzić gluten do diety dziecka przed ukończeniem przez malucha siedmiu miesięcy.

Jak podawać niewielkie ilości glutenu? W niektórych krajach sprzedaje się gotowe kaszki żytnie, bez pszenicy, które zawierają dużo mniej glutenu. Jeśli podajesz dziecku sklepowe kaszki, możesz przygotować kaszkę bezglutenową i dodać do niej łyżeczkę kleiku zbożowego z glutenem. Przez miesiąc-dwa szykuj kaszkę z dodatkiem tylko pół albo całej łyżeczki, a potem zacznij powoli zwiększać ilość kleiku zawierającego gluten. Jeśli podajesz dziecku domowe posiłki zbożowe, możesz podawać mu bezglutenowe „danie główne" (czyli np. gotowany ryż), ale codziennie pozwolić mu zjeść mały kawałeczek chleba albo kilka makaroników, nie więcej. Po miesiącu czy dwóch możesz zacząć zwiększać ilość podawanego chleba czy makaronu.

Oczywiście gluten zawierają też biszkopty, ponieważ zrobione są z mąki pszennej. Z wczesnych lat praktyki jako pediatra, kiedy zalecaliśmy wprowadzanie glutenu w wieku 9 miesięcy, pamiętam, jak denerwowaliśmy się na babcie, które pokruszony biszkopcik dodawały do przecieru owocowego, by był „bardziej pożywny". „Po co tłumaczyć matce – skarżyliśmy się – żeby podawała kaszkę zbożową bez glutenu, jeśli potem przychodzi babcia i podtyka dziecku biszkopty". Teraz okazuje się, że prawdopodobnie babcia robiła dobrze, i że to właśnie te niewielkie ilości glutenu podawane od wieku sześciu miesięcy zapobiegały niektórym przypadkom celiakii. Jeszcze jedna lekcja pokory.

Produkty alergizujące. W 1982 r. ESPGHAN zalecała, by najbardziej uczulających produktów z zasady nie podawać do ukończenia przez dziecko sześciu miesięcy, a dzieciom z rodzin, w których występowały przypadki alergii, do ukończenia 12 miesięcy. W 2000 r. Amerykańska Akademia Pediatryczna miała jeszcze bardziej entuzjastyczne podejście: dzieciom z rodzin, w których występowały alergie, nie podawać mleka i jego produktów pochodnych do ukończenia roku, jajek do dwóch lat, a ryb i bakalii do lat trzech.

Tendencja ta jednak się zmienia. Powyższe zalecenia opierały się na opiniach ekspertów i kilku badaniach o niepewnych wnioskach. Później przeprowadzono jeszcze kilka badań, ale wnioski wciąż pozostają niejasne. Na podstawie dostępnych danych, obecnie zarówno ESPGHAN[31], jak i Amerykańska Akademia Pediatryczna[32] uznają, że opóźnianie wprowadzania poszczególnych produktów ma niewielki wpływ na wystąpienie alergii.

Dzieciom karmionym butelką do ukończenia roku nie należy podawać żadnego innego mleka niż mleko modyfikowane dla niemowląt: ani jogurtów, ani deserów mlecznych czy normalnego krowiego mleka. Uwaga, „mleko modyfikowane" to nie to samo, co „produkt przygotowany na bazie mleka modyfikowanego". Na bazie mleka modyfikowanego, gdyby się komuś chciało, można przygotować budyń, lody, kawę z mlekiem… albo jogurt. Ale przed pierwszymi urodzinami dzieciom należy podawać prawdziwe mleko modyfikowane, a nie jakiś inny produkt, w którego skład wchodzi mleko modyfikowane. Po ukończeniu roku mogą za to pić zwykłe mleko krowie.

Dzieciom karmionym piersią do ukończenia roku nie należy podawać mleka innego niż mleko matki. Nie potrzebują, ani w ogóle nie należy podawać im żadnego innego mleka w kaszkach. Dzieci karmione piersią nie jedzą kaszki na mleku, ale najpierw ssą pierś, a następnie dostają samą kaszkę (tzn. kaszkę bezmleczną przygotowaną na wodzie). Wszystko wymiesza im się w żołądku (przy czym oczywiście nie trzeba potrząsać dzieckiem).

Jednocześnie podawanie butelki pełnej zwykłego mleka, całego jogurtu czy deseru mlecznego to jedno, ale próbowanie małych ilości produktów zawierających mleko (np. kawałka krokieta, nadzienia pieroga...) to zupełnie co innego. Jeśli dziecko pije mleko modyfikowane i mu to służy, wiemy już, że nie ma alergii na mleko krowie, i dlatego nic złego w tym, by próbowało niewielkich ilości mleka krowiego, znajdującego się w składzie innych produktów żywnościowych.

Jeśli dziecko karmione jest piersią, prawdopodobnie również nie będzie problemem, jeśli będzie zjadać niewielkie ilości produktów spożywczych, zawierających w swoim składzie mleko krowie. Jednak w rodzinach, w których występowały alergie, mimo braku badań, które by to wykazywały, moim zdaniem wciąż rozsądnie jest zaczekać do ukończenia roku, jako że mleko krowie (również w formie mleka modyfikowanego) stanowi najczęstszą przyczynę alergii u dzieci.

Przed laty zwyczaj nakazywał, by zacząć od wprowadzenia żółtka jaja, a dopiero kilka miesięcy później podać białko. Postępowano tak z dwóch powodów: dlatego że częścią jaja, która wywołuje alergie, jest białko, oraz dlatego, że żółtko zawiera dużo żelaza i uznawano, że należy wprowadzać je wcześniej. Nowe dane naukowe obaliły jednak te argumenty. Mimo że żółtko nie powoduje alergii, nie da się oddzielić go od białka, i to nawet w jajku na twardo. Żółtko zawsze zawiera fragmenty białka i może wywołać poważną reakcję alergiczną u osoby uczulonej na jaja. Z drugiej strony, mimo że żółtko zawiera dużo żelaza, zawiera też substancje ograniczające jego wchłanianie[2], stąd nie jest ono tak dobrym źródłem tego pierwiastka, jak sądzono. Wniosek: nie ma się co wysilać, by oddzielać żółtko od białka.

Sól i cukier. Zero soli i zero cukru? Zgadza się, nie dodawaj dziecku do jedzenia ani soli, ani cukru. Spożycie soli i cukru wśród starszych dzieci i dorosłych już i tak jest zbyt duże, więc im później zaczną się przyzwyczajać, tym lepiej. Miód też nie jest odpowiedni, może zawierać bakterie odpowiedzialne za botulizm dziecięcy, i w Stanach Zjednoczonych zaleca się nie podawać miodu dzieciom poniżej 12 miesięcy. Cukier brązowy, melasa i słód ryżowy to też cukier.

Co więcej, dodawanie soli i cukru do pożywienia zwykle jest jeszcze jedną sztuczką, której celem jest zmuszenie dziecka do jedzenia: cukier w owocach czy jogurcie, dużo soli w warzywach i maluch wszystko zje. Mówiliśmy już, że dzieci mają naturalne upodobanie do słodkiego i słonego smaku. W przyrodzie jednak nie występuje ani czysta sól, ani czysty cukier; możliwość dodawania ich do potraw pozwala na manipulowanie mechanizmami kontroli apetytu i zmuszenie dzieci do jedzenia większych ilości pokarmu niż potrzebują. Dlatego również dodawanie sacharyny czy słodzików do posiłków niemowlęcych nie jest dobrym pomysłem, mimo że nie powodują one próchnicy. Pamiętaj, problemem nie jest kilka łyżeczek cukru, które zje teraz, ale to wszystko, co będzie jeść w życiu, jeśli przyzwyczai się dodawać cukier do wszystkiego. A jeśli przyzwyczai się do sacharyny, problem pozostaje ten sam: za kilka lat zamieni ją na cukier.

Nie dodawaj soli ani cukru do jedzenia dla dziecka – przy czym to nie oznacza, że ono nie może ich nawet spróbować. Będzie gryźć chleb (który zawiera sól) i biszkopty (które zawierają cukier), i wiele razy podjadać nam z talerza. I nic w tym złego.

Rady przydatne, ale nie tak istotne

Poniżej znajdują się poglądy wynikające z moich doświadczeń jako ojca i preferencji osobistych. Nie są to zalecenia oparte o dane naukowe i każdy sam niech zdecyduje, czy się z nimi zgadza, czy nie:

Od jakich produktów zacząć?

Nieważne. Jak wyjaśniliśmy w jednym z poprzednich rozdziałów, nie ma naukowych podstaw, które pozwoliłyby zalecać ten czy inny produkt. Jeśli podasz dziecku najpierw owoce, następnie produkty zbożowe, a jeszcze później kurczaka, postąpisz idealnie zgodnie z zaleceniami ESPGHAN. Jednak jeśli podasz mu najpierw kurczaka, potem warzywa, a na końcu kaszki zbożowe, będziesz przestrzegać zaleceń równie dokładnie.

Załóżmy, że zdecydujesz się zacząć od ryżu. Przygotuj ryż gotowany, najlepiej trochę rozgotowany, bez soli. Możesz dołożyć łyżeczkę oliwy (danie będzie smaczniejsze i bardziej kaloryczne). Po karmieniu piersią zaproponuj córce łyżeczkę czy dwie. Pierwszego dnia nie należy podawać jej dużo więcej, nawet gdyby jadła ze smakiem. Jeśli nie chce nawet pierwszej łyżki, nie nalegaj, za to proponuj na nowo co jeden-dwa dni. Jeśli natomiast zjada, możesz podawać jej codziennie odrobinę więcej. Po kilku dniach możesz wypróbować nowy produkt, na przykład rozgniecionego banana. Później gotowane ziemniaki, kurczaka… Kolejność ta to tylko przykład, możesz zacząć dokładnie odwrotnie. Oczywiście, jeśli któryś z produktów wywoła biegunkę czy inne problemy, jeśli dziecko ze szczególnym obrzydzeniem odmawia zjedzenia go, najlepiej nie próbuj go podawać przez kilka tygodni. Jeśli wystąpi poważniejsza reakcja, taka jak pokrzywka, skonsultuj się z lekarzem pediatrą.

Nie ma też obowiązku wprowadzania nowych produktów co tydzień. Latami opowiadano, że różnorodność jest ogromną zaletą (siedem i pół zbóż, trzynaście zbóż z czekoladą, piętnaście zbóż z kawą...), tymczasem to tylko strategia marketingowa. Różnorodność oznacza trochę zbóż, trochę owoców, trochę warzyw... nie trzeba jednak koniecznie zjadać wielu produktów z każdej grupy. Jabłko nie ma żadnych witamin, których nie zawierałaby gruszka, a większość z nas, dorosłych, radzi sobie świetnie, zjadając tylko dwa rodzaje zbóż, ryż i pszenicę, a resztę zostawiając kurom. Jeśli twoje dziecko je już kurczaka, nie dodasz mu nic nowego, wprowadzając cielęcinę. Wprowadzanie wielu różnych produktów przed pierwszymi urodzinami to jak kupowanie więcej losów na loterii, w której wygraną jest jakaś alergia.

Głównym powodem wprowadzania nowych produktów w wieku sześciu miesięcy (a nie później) jest fakt, że niektórym dzieciom może brakować żelaza. Dlatego logiczne jest, by wśród produktów wprowadzanych na początku znalazły się pokarmy bogate w żelazo: z jednej strony mięsa, zawierające dużo żelaza organicznego, które doskonale się wchłania, a z drugiej różne rodzaje warzyw i zboża, bogate w żelazo nieorganiczne, wchłaniane w niewielkim stopniu, chyba że w towarzystwie witaminy C. Dlatego dobrze jest jeść tak jak my, dorośli: najpierw sałatkę (surowe warzywa, bogate w witaminę C), potem produkty zbożowe i warzywa strączkowe, a na deser owoce. Nie jest natomiast tak dobrym pomysłem to, co robimy z dziećmi: podawanie im na jeden posiłek tylko produktów zbożowych, na kolejny tylko warzyw, potem znów tylko owoców... Kiedy twoje dziecko będzie już jadło kilka różnych produktów, dobrze jest je łączyć (ale nie miksować razem) podczas jednego posiłku, zamiast szykować maluchowi jednoskładnikowe menu („pora na kaszkę").

A jeśli nie chce jeść?

Nie przejmuj się, to zupełnie normalne, wcześniej czy później będzie jeść inne rzeczy. Nie próbuj go zmuszać.

Być może usłyszysz, że powinnaś podawać dziecku posiłek przed karmieniem piersią, żeby było głodne, bo w ten sposób lepiej zje. Nie ma to sensu, ponieważ mleko matki jest dużo bardziej pożywne niż cokolwiek innego. Nie bez powodu mówimy o „karmieniu uzupełniającym", produkty stałe po prostu uzupełniają karmienie piersią. Jeśli dziecko napije się mleka, a potem nie chce zjeść owoców, nic się nie stanie, ale jeśli zje owoce, a potem nie zmieści mu się mleko, to coś na tym traci. Więcej owoców, a mniej mleka, to dieta odchudzająca.

To samo dotyczy mleka modyfikowanego: pamiętaj, że jeśli nie karmisz piersią, powinnaś codziennie do pierwszych urodzin podawać dziecku pół litra mleka. Nie należy odbierać im mleka, by zmieściły w brzuchu produkty stałe.

Czy nie zabraknie mu wartości odżywczych, jeśli nie będzie jeść nic oprócz mleka?

W wieku sześciu miesięcy niektórym dzieciom kończą się rezerwy żelaza, które otrzymały w chwili narodzin, i muszą dostawać żelazo z innych źródeł. Jest to jeden z powodów, dla których wprowadzamy karmienie uzupełniające. Inne niemowlęta nie potrzebują żelaza aż do wieku dwunastu miesięcy lub nawet dłużej.

Wiele dzieci nie chce jeść nic, ale to nic oprócz piersi, do wieku ośmiu-dziesięciu miesięcy lub dłużej. Nie chcą nawet spróbować i wypluwają wszystko, co trafi im do buzi. Czy będzie brakować im żelaza? Osobiście sądzę, że nie, że jeśli dziecko nie chce jeść, to znaczy, że nie ma takiej potrzeby. Nie ma jednak żadnych badań naukowych, które potwierdzałyby to przekonanie. Możliwy jest też przypadek odwrotny: brak żelaza wywołuje spadek apetytu i dlatego dziecko nie chce jeść. Kilka razy widziałem ośmio-, dziesięciomiesięczne dzieci, które nie chciały jeść nic oprócz piersi i nie przybierały na wadze, a nawet chudły – po zdiagnozowaniu anemii i podaniu żelaza zaczynały jeść i przybierać.

Dobrze jest, by wśród pierwszych produktów oferowanych dziecku znalazł się drób lub inne mięso bogate w żelazo (nie jest potrzebna duża ilość). I niech dzieci nie jedzą owoców osobno, tylko na deser, jak my: w ten sposób witamina C z owoców pomoże we wchłanianiu żelaza z warzyw i produktów zbożowych. Jeśli dziecko nie chce próbować nowych posiłków i nie przybiera na wadze, należy wykonać badanie krwi, by sprawdzić, czy nie brakuje mu żelaza albo czy nie występuje jakaś inna choroba.

A jeśli normalnie przybiera na wadze, mimo że nie je żadnych produktów stałych? Prawdopodobnie dzieje się tak dlatego, że owszem, ma apetyt, wypija mnóstwo mleka z piersi i dlatego sądzę, że nie brakuje mu żelaza. Jeśli jednak mijają miesiące, a dziecko wciąż nie je nic oprócz piersi, co martwi rodzinę lub pediatrę, wykonanie badań nie zaszkodzi.

Nie trzeba miksować posiłków

Wiele matek zgłasza się do pediatry, ponieważ ich dwu- lub trzyletnie dziecko chce jeść wyłącznie miksowane posiłki:

Mam synka w wieku pięciu i pół roku, który nie je żadnych produktów o stałej konsystencji i nigdy nie gryzie... Wszystko muszę mu podawać ja, bo nie chce też jeść sam.

Nie jest to poważny problem, w rzeczywistości też, choćbyś nie zrobiła absolutnie nic, twoje dziecko w końcu i tak będzie jeść normalnie. A może wydaje ci się, że w wieku piętnastu lat nadal będzie jadać kleiki? Jest to jednak kłopotliwe i „źle wygląda". Dziecko nie przyzwyczai się do miksowanych papek, jeśli nigdy ich nie spróbuje. Bardziej miękkie produkty, takie jak gotowane ziemniaki czy marchewka, banan lub gotowany ryż, można rozgniatać widelcem. Jabłko i gruszkę można zetrzeć na tarce. Twardsze produkty, takie jak kurczak, można pokroić nożem na malutkie kawałeczki albo poprosić w sklepie o zmielenie mięsa (uprzedzając, by nie dodawano soli ani pieprzu), a potem podsmażyć na patelni na kilku kroplach oliwy, wyjdą ładne klopsiki drobiowe.

Chodzi o to, że w tej okrutnej epoce, w której przyszło nam żyć, zamiast jeden raz, wiele dzieci trzeba odstawiać trzy razy. Wszyscy psychologowie są zgodni co do tego, że odstawienie to delikatny, potencjalnie traumatyczny moment, a wiele dzieci odstawia się najpierw od piersi na rzecz butelki (w wieku poniżej dwóch miesięcy), potem od butelki na rzecz miksowanych papek (w wieku około sześciu miesięcy), a wreszcie od papek na rzecz normalnego jedzenia (w wieku około 2-3 lat). Sądząc po płaczach i walkach, każde kolejne odstawienie przebiega gorzej niż poprzednie:

Mój synek Juan, który ma dwadzieścia miesięcy, zawsze miał problem z akceptacją zmian, wprowadzenie nowości zawsze wymaga wiele wysiłku. Przejście z butelki na łyżeczkę było okropne, podobnie od smaków słodkich do słonych itd.

Kiedy skończył rok, próbowaliśmy wprowadzić mu do purée kawałeczki jedzenia, ale tylko wszystko wypluwał. Pozwoliliśmy mu więc dalej jeść miksowane przeciery i kleiki bez najmniejszej grudki, i do dziś tak samo to wygląda. Właśnie wyszły mu cztery trzonowce i chociaż teraz potrafi już zjeść kilka klusek, biszkopty, ziemniaki, płatki, kawałek kiełbaski, to tylko jako rozrywkę pomiędzy posiłkami. Jeśli posadzimy go przy stole do posiłku, w którym są kawałeczki jedzenia, wyrzuca je i już.

Dlaczego nie odstawić dziecka tylko jeden raz? Bezpośrednio od piersi na rzecz normalnego jedzenia, w drodze stopniowego procesu, który rozpocznie się w wieku sześciu miesięcy, a zakończy po kilku latach.

Ta matka tymczasem nieświadomie odkryła rozwiązanie: dziecko owszem, zjada kawałki produktów, jeśli jest to „rozrywka, pomiędzy posiłkami". Jednym słowem, kiedy nikt go nie zmusza.

Kiedy dziecko przyzwyczai się do miksowanych przecierów, zmuszanie go do jedzenia innych rzeczy lub – najprawdopodobniej – wyśmiewanie doprowadzi tylko do pogorszenia sytuacji. Nie zmuszaj dziecka do jedzenia ani produktów miksowanych, ani w kawałkach, a stopniowo zacznie próbować nowości.

Nie trzeba szykować specjalnych posiłków

Przy odrobinie planowania możesz niemal codziennie gotować to samo dla dziecka i dorosłych. Gotuj bez pikantnych przypraw i soli, zioła, sosy i przyprawy dodawaj po oddzieleniu porcji dla malucha. Kilka przykładów:

Przed dodaniem pomidorów ryż stanowi doskonały bezglutenowy kleik zbożowy, a później pomidora też można wprowadzić, jest w końcu takim samym warzywem jak inne (ketchup nie wydaje się być szczególnie odpowiedni dla niemowlęcia, ale przecier pomidorowy przygotowany w domu zawiera tylko pomidory i oliwę).

Jeśli chodzi o produkty zbożowe zawierające gluten, wybór jest dużo większy: chleb, kasza, kluski, makaron rurki, makaron literkowy, spaghetti... Na początku same, gotowane w wodzie, później można przygotowywać je na rosole albo polać sosem pomidorowym. Pamiętaj tylko, że żołądek niemowlęcia jest malutki i nie należy podawać mu zupy – kluski z zupy podawaj odcedzone, tak jakby było to miniaturowe danie z makaronu. Czytaj etykiety: tanie makarony to „100% pszenicy durum", za to droższe zawierają jaja, więc lepiej unikać ich u dzieci z rodzin, w których występowała alergia. Podobnie zwykły chleb, zakładamy, że zawiera tylko pszenicę, natomiast chleb tostowy czy biszkopty będą zawierać też cukier, mleko, jaja itd., zależnie od marki. W przypadku dzieci poniżej roku zawsze lepsze są produkty proste niż skomplikowane.

Jeśli wyszukasz w internecie pojęcie „baby-led weaning", zobaczysz tuziny dzieci, które od początku jedzą przyzwoite posiłki: spaghetti i ryż w pomidorach, brokuły i soczewicę. Jedzą to samo, co ich rodzice, własnymi rączkami, odkąd skończyły sześć miesięcy. Daj sobie spokój z przecierami.

KIEDY MAMA PRACUJE POZA DOMEM

Martwię się, bo mój trzymiesięczny synek nie akceptuje butelki, niezależnie od rodzaju smoczka i mleka. Pediatra powiedział, żebym odstawiła go od piersi, to się przyzwyczai do butelki, ale przez trzy dni nic nie jadł, bo nie chce jej ssać. Wróciłam do karmienia piersią, ale już mu to nie wystarcza, bo ciągle jest głodny. Co mogę zrobić, żeby zaczął jeść z butelki? Niedługo wracam do pracy i muszę przestać go karmić piersią.

Ta matka stała się ofiarą dwóch częstych błędów związanych z powrotem do pracy.

Pierwszy błąd polega na przekonaniu, że dziecko należy odstawić przed powrotem do pracy. Nie jest to konieczne. W najgorszym przypadku można przejść na karmienie mieszane: podawać pierś przed wyjściem do pracy i po powrocie, a opiekun dziecka poda mu inne mleko podczas nieobecności matki. Wszystkie dzieci (i mamy) ciężko znoszą rozłąkę podczas powrotu matki do pracy, a karmienie piersią może być doskonałym sposobem, by wynagrodzić sobie rozstanie i nadrobić stracony czas. Wiele matek znajduje rozwiązania znacznie bardziej satysfakcjonujące niż wprowadzenie mleka modyfikowanego: zabierają dziecko do pracy, dzielą dzień pracy, proszą kogoś, by zabrał dziecko w porze lunchu do pobliskiego parku, odciągają mleko i zostawiają w lodówce… a jeśli dziecko jest już dość duże, by jeść pokarmy stałe, jeszcze prościej jest podawać mu je właśnie podczas nieobecności matki (to wyjątek od ogólnej zasady podawania piersi przed każdym posiłkiem dodatkowym).

Kiedy wychodzisz do pracy (albo do sklepu po chleb), twoje dziecko nie wie, gdzie jesteś, ani kiedy wrócisz. Będzie tak samo wystraszone i będzie płakać tak samo, jakbyś zniknęła na zawsze. Minie wiele lat, zanim twoje dziecko zrozumie, że „mamusia zaraz wróci" i zaakceptuje rozłąkę bez płaczu. Kiedy wrócisz, przytulisz je, podasz pierś, dziecko pomyśli sobie: „Uff, całe szczęście, kolejny fałszywy alarm!". Ale jeśli powrót do pracy zbiegnie się z nagłym odstawieniem od piersi, jeśli po twoim powrocie do domu mały poprosi o pierś, a ty mu odmówisz, co sobie pomyśli? „No tak, porzuciła mnie, bo już mnie nie kocha". To naprawdę kiepski moment na odstawienie od piersi.

Drugim błędem jest przekonanie, że jeśli po twoim powrocie do pracy opiekunowie będą podawać twojemu dziecku butelkę (albo pokarmy stałe, jeśli należy), musisz przyzwyczaić je do tego z góry. Jeśli uda ci się je przyzwyczaić, jedyne co osiągniesz, to przyspieszenie problemu: mogłaś karmić malucha wyłącznie piersią przez cztery miesiące, a karmiłaś przez trzy. Najważniejsze jednak, że tak jak w przypadku, który rozważamy, dziecko się nie przyzwyczaja. Nawet kiedy matki odciągają sobie mleko i próbują podawać je z butelki, wiele niemowląt odmawia.

Dzieci przecież głupie nie są. Jeśli mamy nie ma i przychodzi babcia z butelką (a jeszcze lepiej z kubkiem, żeby uniknąć problemów ze ssaniem), mogą wydarzyć się dwie rzeczy. Opcja pierwsza, jeśli dziecko nie jest bardzo głodne: nie zje nic i zrekompensuje to sobie, ssąc więcej po powrocie mamy. Wiele niemowląt prawie cały okres nieobecności matki spędza śpiąc, a następnie niemal całą noc przy piersi. Jeśli matka i dziecko śpią w jednym łóżku, jest to w zasadzie do wytrzymania i wiele matek uznaje to rozwiązanie za bardzo satysfakcjonujący sposób podtrzymywania kontaktu z dziećmi mimo pracy poza domem. I druga możliwość, jeśli dziecko jest bardziej głodne (i przede wszystkim, jeśli proponuje się mleko matki): wypije i już. Myśli sobie pewnie: „No ładnie, mamy nie ma, trzeba się zadowolić tym, co jest".

Ale kiedy mama jest na miejscu, a dziecko widzi pierś i czuje zapach mleka, jak ma zaakceptować kubek czy butelkę? Myśli pewnie: „Mama chyba zwariowała, ma pod ręką cysia, a mnie wciska takie paskudztwo!". „Nie ma cysia, to ja się tak nie bawię!". (Patrzcie go, jaki hardy!)

KILKA MITÓW DOTYCZĄCYCH POKARMÓW STAŁYCH

Mit: Pokarmy stałe są bardziej pożywne niż mleko

Mit ten jest tak niesamowicie rozpowszechniony, że chociaż już o nim pisaliśmy, nie zaszkodzi trochę się poupierać. Wiele matek słyszy, że „ich mleko nie ma już żadnych wartości odżywczych" albo że „to już sama woda". Tego typu wypowiedzi całkiem nieźle nadają się na prawdziwe obelgi, coś w rodzaju „ruszasz się jak mucha w smole" albo „twoje włosy wyglądają jak stóg siana". A najlepsze, że niektórzy ludzie w to wierzą! Bądźmy poważni, no proszę was! Nie ma kobiet, które miałyby wodę zamiast mleka, tak samo jak nie ma latających słoni.

Rozważmy przykład z życia wzięty:

Mam sześciomiesięczną córeczkę […] Przez cały ten czas karmiłam ją piersią i wciąż ją karmię, ale kiedy miała cztery miesiące, wprowadziłam przecier owocowy, a miesiąc później kleik zbożowy, tak jak kazał pediatra. […]

Do ukończenia czterech miesięcy mała rozwijała się bardzo dobrze, ważyła 6300 g i mierzyła 63 cm, ale na ostatniej wizycie u pediatry ważyła 6980 g i mierzyła 66 cm, więc pediatra powiedział mi, że powinnam zakończyć karmienie piersią i przestrzegać następującej diety: 9.00 kaszka zbożowa – 13.00 warzywa – 17.30 owoce – 21.30 kaszka zbożowa.

Cóż dziwnego jest w tym przypadku? Na pewno nie waga, bo ta jest w normie dla wieku czterech miesięcy i pozostaje w normie w wieku sześciu, przyrost za ten okres też jest normalny. Dziwna jest (a przynajmniej powinna być!) diagnoza pediatry, a jeszcze dziwniejsze zalecone postępowanie.

Ponieważ gdyby pediatra miał rację i przyrost wagi byłby niewystarczający, a przyczyną byłoby niewłaściwe odżywianie, to logiczne rozumowanie byłoby następujące: na jakiej diecie dziewczynka przybierała prawidłowo? Wyłącznie na piersi. Na jakiej diecie przybierała niewystarczająco? Na piersi z dodatkiem produktów stałych. Wniosek: natychmiast odstawić produkty stałe. Zamiast tego pediatra decyduje się na dziwaczną ucieczkę do przodu, odbiera dziecku pierś i nie daje w zamiast nawet butelki, a tylko same produkty stałe. W wieku sześciu miesięcy tylko cztery posiłki dziennie, z czego jeden składający się z samych owoców i jeden z samych warzyw. Chociaż wiadomo, że dzieci nie potrzebują tak wielu kalorii, jak dawniej sądzono, obawiam się, że taka dieta nie sięga nawet koniecznego minimum. Na szczęście ta matka zmieniła pediatrę, a nowy zalecił małej dietę, która mimo że nie jest idealna dla odzyskania pełnego karmienia piersią, przynajmniej pozwala przeżyć (butelka zamiast warzyw i pierś po każdym posiłku).

Jako zagorzałego obrońcę karmienia piersią (czy to się przypadkiem nie rzuca w oczy?), kusi mnie, żeby stwierdzić, że dziewczynka przybiera mniej z winy produktów stałych. Ale byłoby to kłamstwo. Nie przybiera wolniej z powodu tego, co je albo czego nie je, ale z powodu wieku. Przybierałaby tak samo, nawet gdyby wciąż karmiono ją wyłącznie piersią. A gdyby nawet podawano jej schabowego z zasmażaną kapustą i czekoladowe ciastka, i tak przybrałaby tyle samo (albo i mniej, bo miałaby problemy z trawieniem).

Wszystkie dzieci w pierwszym trymestrze życia, na piersi czy na butelce, przybierają więcej niż w drugim. W trzecim trymestrze, z dodatkiem niewielkich ilości produktów stałych, przybierają jeszcze wolniej, a w trymestrze czwartym, przy dużo większych ilościach pokarmów dodatkowych, nie przybierają niemal nic. Wszyscy pediatrzy obserwują to setki i tysiące razy. A mimo to niektórzy wciąż wydają się przekonani, że produkty stałe pozwalają przybrać więcej niż mleko. Zastanawiam się, skąd biorą się te zadziwiające poglądy.

Wspominaliśmy już, że przeciery mięsno-warzywne zwykle mają mniej kalorii niż mleko, nie mówiąc już o samych warzywach czy owocach. Oczywiście inne dania, takie jak kaszki zbożowe, mają więcej kalorii… ale co z białkiem, jakością białek, witaminami, minerałami, nienasyconymi kwasami tłuszczowymi i innymi wartościami odżywczymi? Powiedziałabyś, że mąka jest bardziej „pożywna" niż mleko?

Nasza dieta musi zaspokoić całą serię potrzeb. Jedynym pokarmem zdolnym zaspokoić sam z siebie wszystkie potrzeby istoty ludzkiej, przynajmniej przez pewien okres jej życia, jest mleko matki. Nowo narodzone dziecko doskonale odżywia się przez sześć miesięcy lub dłużej wyłącznie mlekiem matki, nikt natomiast nie mógłby być doskonale odżywiony, ani w dzieciństwie, ani w żadnym innym okresie życia, gdyby przez sześć miesięcy żywił się wyłącznie mięsem, chlebem albo pomarańczami. Co nie oznacza, że mięso, chleb czy pomarańcze nie są „pożywne", a tylko że należy uzupełniać je innymi produktami. Uzupełniać, nie zastępować.

Oczywiście nie możemy przez całe życie żywić się wyłącznie mlekiem matki i w pewnym wieku musimy uzupełnić je innymi produktami. Nie oszukujmy się jednak, głównym powodem, dla którego nie pijemy przez całe życia mleka matki, jest fakt, że nikt by nam na to nie pozwolił. Mleko matki może nie jest doskonałe, ale jest bliżej ideału doskonałego pokarmu – dla dowolnego wieku – niż jakikolwiek inny znany produkt spożywczy. Rozbitek na bezludnej wyspie mógłby przeżyć dużo dłużej, gdyby miał do dyspozycji tylko kobiece mleko, niż gdyby miał tylko chleb, tylko jabłka, tylko groch czy tylko mięso…

Jeśli jakiś ignorant powie ci jeszcze kiedyś: „Odstaw go już, bo twoje mleko nie zawiera dość dużo białka", odpowiedz: „A, dobrze, to odstawię też owoce i warzywa, bo w nich jest jeszcze mniej białek". A jeśli ktoś powie ci, że twoje mleko to sama woda, możesz odpowiedzieć: „No jasne, dlatego mu je daję, to przecież czysta woda, nie tak jak kranówa, w której jest mnóstwo chloru". A może lepiej nic nie odpowiadaj, niektórzy ignoranci mają bardzo mało poczucia humoru.

Mit: Jak zje porządną kolację, to prześpi całą noc

Nie prześpi. Wiele dwu- i trzylatków budzi się niemal co noc, nawet jeśli jadły na kolację smażone ziemniaki albo fasolę z kiełbasą.

Wykazano eksperymentalnie[33], że dzieci nie śpią dłużej po zjedzeniu stałego posiłku. W pierwszych latach życia dzieci zwykle budzą się w nocy, nie tylko dlatego, że potrzebują pożywienia, ale dlatego, że potrzebują naszej obecności. Na szczęście pierś pozwala zaspokoić obydwie te potrzeby naraz i dziecko szybko zasypia ponownie – niektórzy rodzice nazywają to „znieczuleniem".

Mit: Po szóstym miesiącu muszą pić mleko następne

Mleko następne to komercyjny wynalazek, niemal bez żadnej wartości praktycznej. W Stanach Zjednoczonych Amerykańska Akademia Pediatryczna zaleca, by dzieciom, które nie są karmione piersią, podawać takie samo mleko przez cały pierwszy rok życia. WHO również jest zdania, że mleko następne jest niepotrzebne.

Po co je więc wymyślono? To proste. W wielu krajach (w tym u nas) prawo zabrania reklamowania mleka początkowego. W większości jednak niestety nie zabrania się reklamy mleka następnego. Dlatego dla producentów idealnym rozwiązaniem jest oferowanie dwóch rodzajów mleka o tej samej nazwie, różniących się tylko numerkiem. Czy znajdzie się ktoś na tyle naiwny, by sądzić, że reklama mleka Badmilk 2 nie zwiększa sprzedaży mleka Badmilk 1?

Największy pożytek z mleka następnego, zdaniem ESPGHAN, jest taki, że jest tańsze. Ponieważ mleko modyfikowane jest drogie, niektóre gorzej sytuowane matki karmiące dzieci butelką mogłyby skusić się i wprowadzić pełne mleko krowie przed upływem roku, co jest niewskazane. Mleko, które mogłoby być tańsze, jako mniej dostosowane do potrzeb dziecka niż mleko początkowe, byłoby więc pożyteczne.

Mniej dostosowane? No właśnie. Mleko krowie zawiera nadmierną ilość białek, ponad trzy razy tyle, co mleko kobiece. Jest to jedno z jego największych zagrożeń: metabolizm dziecka nie radzi sobie z taką ilością białek i maluch może poważnie zachorować. Produkcja mleka modyfikowanego składa się z kilku etapów, a jednym z nich jest eliminacja większości tych białek. Usuwanie ich z mleka nie jest łatwe. Jeśli nie trzeba usuwać aż tylu, produkcja jest prostsza, a co za tym idzie, tańsza. ESPGHAN wydaje się sądzić, że różnica w cenie jest znacząca, tymczasem przynajmniej w Hiszpanii różnica dla konsumenta jest bardzo mała.

Nie jest tak, że mleko następne jest lepsze dla większych dzieci. Jest gorsze, bo zostało dostosowane w mniejszym stopniu. Przy czym większe dzieci mają wystarczające zdolności metaboliczne, by je tolerować. Oczywiście reklamy branży mleczarskiej próbują odwrócić kota ogonem i sprzedają mleko następne jako „wzbogacone o białka konieczne do pokrycia rosnącego zapotrzebowania twojego dziecka".

Niezła bzdura! Zapotrzebowanie dzieci na białka spada w miarę, jak maluchy rosną[10], od ponad 2 g na kilogram wagi w chwili narodzin do 0,89 w wieku 6-9 miesięcy i 0,82 w wieku 9-12 miesięcy. Dziecko o wadze 8 kg potrzebuje 7,12 g białka dziennie, co może otrzymać w 790 ml mleka matki (ilość zupełnie rozsądna) lub 550 ml mleka początkowego (w mleku tym zawsze zostawia się trochę więcej białek niż zawiera mleko kobiece, by zrekompensować ich gorszą jakość). To samo dziecko, pijąc 500 ml mleka następnego, dostanie 11 g białek, dużo więcej niż potrzebuje… i to nie licząc białek zawartych w produktach zbożowych czy drobiu, który może zjeść.

Nie daj się oszukać reklamie: nadmiar białek w mleku następnym nie stanowi dla twojego dziecka żadnej korzyści, to tylko przemysłowe śmieci.

Dzieci karmione piersią dalej piją mleko matki. Amerykańska Akademia Pediatryczna zaleca, by karmić piersią przynajmniej do roku, a następnie „tak długo, jak matka i dziecko sobie tego życzą". WHO i UNICEF zalecają, by karmić piersią przez „dwa lata lub dłużej"**, podobnie Hiszpańskie Stowarzyszenie Pediatryczne[34].

Oczywiście, jeśli z jakiegoś powodu chcesz odstawić dziecko od piersi zanim skończy rok, będziesz musiała podać mu inne mleko, początkowe lub następne, to zależy od ciebie. Nie pozwól jednak, by inni zadecydowali za ciebie. Żadnej matce karmionej butelką nikt nigdy nie powie: „To mleko nie zapewnia mu już żadnych wartości odżywczych, teraz musisz zacząć karmić go piersią albo przygotowywać mu kaszki na mleku matki". Uznajemy za oczywiste, że jeśli matka decyduje się karmić butelką, będzie to robić latami. Matka karmiąca piersią ma prawo do tego samego szacunku.

Mit: Jeśli nie je mięsa, będzie mu brakować białka

Przed chwilą to wyjaśniliśmy: nawet pijąc wyłącznie mleko, twoje dziecko i tak dostawałoby wystarczająco dużo białka. A produkty zbożowe i rośliny strączkowe dostarczają je jeszcze dodatkowo. Mimo tego niektóre matki próbuje się straszyć za pomocą dziwacznych argumentów:

Ja jestem wegetarianką, powiedzmy w 80 procentach, bo od czasu do czasu zjadam rybę, i chciałabym tak samo wychować moją córkę. Ci, którzy się ze mną nie zgadzają, mówią, że mięso jest potrzebne, że wzmacnia tkanki itd.

** Również polskie Ministerstwo Zdrowia wydało w 2013 r. komunikat z identycznymi zaleceniami [przyp. red.]

Któregoś dnia w zoo widziałem nosorożca, który, jak mnie upewniono, nie tyka mięsa. Jego tkanki wyglądały na całkiem nieźle wzmocnione. Oczywiście nie podchodziłem zbyt blisko, a nuż dotknę i okaże się, że jakiś miękkawy.

ROZDZIAŁ 9

CO MOŻE ZROBIĆ LEKARZ SPECJALISTA

„Moje dziecko nie chce jeść" to jeden z głównych powodów, dla których rodzice decydują się na wizytę u pediatry[35]. Personel medyczny jest w doskonałej sytuacji, by zapobiegać problemom żywieniowym u dzieci lub dusić je w zarodku, zanim staną się źródłem poważnego zmartwienia i konfliktów na łonie rodziny.

Nasze rady jednak, a nawet rzucane mimochodem uwagi, mogą przyczynić się często do zapoczątkowania lub pogłębienia problemu. Szczególnie delikatne są dwa elementy naszego działania: kontrola przyrostów wagi i rozszerzanie diety.

KONTROLA WAGI

Mam trzymiesięczną córeczkę, która w chwili narodzin ważyła 3 kg. Od pierwszego dnia karmiłam ją piersią, a ona doskonale jadła i przybierała na wadze, aż do okresu mniej więcej miesiąc temu. Ostatnio przybrała tylko 40 g w ciągu dwóch tygodni.

Pediatra powiedział, że moje mleko nie wystarcza i że powinnam pomóc jej, podając każdą pierś przez 5 minut, a potem 60 ml mleka z butelki. I tu pojawił się problem, bo mała nie chciała pić z butelki. Próbowałam stopniowo, nie zmuszając jej, dawałam jej spokój, kiedy nie chciała jeść i próbowałam znowu przy kolejnym karmieniu. Nadal nie chciała. Wypróbowałam mleko innych marek, różne rodzaje smoczków, dosładzanie, ale nic nie działało. W kolejnym tygodniu przybrała 260 g, więc pediatra powiedział, żeby znów karmić ją tylko piersią, bo wróciła do normy. Ale w ciągu ostatniego tygodnia przybrała tylko 20 g i kazał zastąpić co drugie karmienie butelką.

Tyle że mała nadal nie chce butelki. Kończy się tylko tym, że się strasznie denerwuje i nie przestaje płakać. Próbowałam też podawać jej butelkę podczas wszystkich karmień, żeby zorientowała się, że piersi nie ma, i wreszcie zaakceptowała butelkę, ale na próżno, bo po wielkich płaczach i tak nic nie je, aż w końcu zasypia.

Nie wiem, co mogę zrobić, jestem zrozpaczona. Próbowałam też odciągać mleko i podawać jej z butelki, i owszem, wypiła. Potem dałam jej moje mleko zmieszane z modyfikowanym, ale nie chciała zjeść. Żeby cokolwiek zjadła, podczas karmienia piersią z jednej strony wsuwam jej trochę do buzi smoczek od butelki i palcami wyciskam mleko, żeby jadła wszystko naraz. Z tym, że ona połyka tylko dużo powietrza, za to mleka mało.

W ciągu zaledwie jednego miesiąca spokojne i szczęśliwe wychowywanie dziecka zamieniło się w koszmar. Proces stawiania diagnozy był nieprawidłowy: przyrost wagi oceniono w zbyt krótkim przedziale czasowym i w odniesieniu do niewłaściwych danych. A leczenie było zbędne i nieprawidłowe (gdyby dziecko wypijało zbyt mało mleka matki, rozwiązaniem byłoby nie wprowadzanie butelki, ale częstsze karmienie piersią).

Nieuniknione zróżnicowanie tempa wzrostu, błędy pomiarowe i wahania wynikające z czasu, który upłynął od ostatniego karmienia, oddania moczu lub kału sprawiają, że tygodniowy pomiar przyrostu wagi jest całkowicie nieprzydatny. Widać to wyraźnie na wyżej opisanym przypadku, w którym dziewczynka, nie zmieniając diety (bo mleka z butelki nie chciała pić) przybrała raz 20 g, a raz 260 g. Jak mówi Fomon[2], w pierwszym semestrze nawet „przyrosty wagi w przedziałach tak krótkich, jak jeden miesiąc, należy interpretować ostrożnie". W drugim semestrze przyrosty wagi ocenia się w przedziałach przynajmniej dwumiesięcznych.

Siatka centylowa to nie to samo co tabela przyrostu wagi. Krzywe i siatki centylowe pozwalają ocenić aktualną wagę w danym momencie, ale nie jej przyrost w danym okresie. Jeśli wzrost wydaje się nieprawidłowo przyspieszony lub zwolniony, należy skorzystać z tabeli przyrostu wagi.

Oprócz siatek centylowych stworzonych w oparciu o wzrost zdrowych dzieci, odżywiających się normalnie (czyli karmionych piersią), Światowa Organizacja Zdrowia opublikowała też tabele przyrostu wagi na okres jednego, dwóch, trzech, czterech lub sześciu miesięcy. Dla pierwszych dwóch miesięcy WHO publikuje tabele przyrostu wagi w przedziałach jednego lub dwóch tygodni, zróżnicowanych zależnie od wagi urodzeniowej. Wszystkie te wykresy dostępne są na stronie www.who.int/childgrowth/standards/en/.

W ciągu czterech tygodni, w wieku od dwóch do trzech miesięcy, dziewczynka przybrała w sumie 320 g. W tabeli WHO centyl 3 przyrostu wagi pomiędzy drugim a trzecim miesiącem wynosi 321 g. Jest to więc całkowicie normalny przyrost. Zauważ, że centyl 3 tabeli przyrostu wagi w żadnym razie nie równa się właściwej różnicy wagi na 3 centylu – w tym przypadku waga odpowiadająca centylowi 3 wynosi 4 kg w wieku dwóch miesięcy, oraz 4,6 kg w wieku trzech miesięcy, przy różnicy wynoszącej 600 g. Stąd zastosowanie siatek centylowych zamiast tabel przyrostu wagi może doprowadzić do poważnych błędów.

Ponadto, jak wykazuje Fomon, w społecznościach o niskim wskaźniku niedożywienia większość niemowląt karmionych piersią, których wzrost w pewnym okresie pozostaje na poziomie poniżej 5 centyla, mieści się w normie (rozumie się samo przez się, że 5 procent dzieci przybiera na wadze poniżej 5 centyla).

Ta matka i jej córeczka byłyby dużo spokojniejsze, gdyby przyrosty wagi mierzono w dłuższych przedziałach czasowych, a nadmiar terapeutycznego entuzjazmu zastąpiono uważną obserwacją. Co więcej, zdecydowane odrzucenie butelki przez dziecko potwierdza, że dziewczynka w ogóle nie była głodna (nie zawsze można stwierdzić coś wręcz przeciwnego; wiele małych dzieci, szczególnie w wieku poniżej 2-3 miesięcy, akceptuje butelkę nawet, jeśli nie są głodne). Przy nieskutecznej próbie odebrania piersi, by przyzwyczaić dziecko do butelki, mała nie piła ani tego, ani tego, i je mniej niż przed zastosowaniem się do tej koszmarnej porady.

Przypadek Herminii po raz kolejny podkreśla wagę stosowania odpowiednich danych odniesienia:

Mój synek, obecnie dziesięciomiesięczny, urodził się z wagą 3950 g. Zawsze karmiłam go piersią, a on rósł i dobrze się rozwijał, ale od dwóch miesięcy jego przyrost wagi jest poniżej średniej.

Dwóch różnych pediatrów doradziło mi, bym podała mu butelkę, ponieważ moje mleko nie jest już dla niego dość pożywne, ale on nie chce pić z butelki. Nie chce nawet powąchać i boję się, że nigdy butelki nie zaakceptuje i nie tylko nie będzie przybierał, ale zacznie chudnąć. Bardzo źle się z tym czuję, bo chciałam karmić go piersią aż skończy półtora roku.

W wieku sześciu miesięcy synek ważył 8170 g, w wieku ośmiu 8850 g, ale w wieku dziewięciu tylko 8950, a w wieku dziesięciu miesięcy 9260 g. Ma 76 cm wzrostu.

Synek Heminii przybrał 410 g w okresie od ósmego do dziesiątego miesiąca. Zajrzyjmy do tabeli przyrostów wagi za okres dwóch miesięcy. W przedziale od ósmego do dziesiątego miesiąca życia dziecka średni przyrost wynosi 544 g, a centyl 3 60 g (dla tych dwóch miesięcy razem!). Przyrost nie tylko mieści się w normie, ale jest spory, powyżej centyla 25 (360 g). Całkowite odrzucenie przez to dziecko butelki wykazuje, że taki przyrost wagi nie wynika ze spożycia niewystarczającej ilości mleka.

To zupełnie normalne, że w którymś miesiącu przyrost wagi znajdzie się na centylu 10, 3 czy nawet poniżej. Wszystkie centyle, od 1 do 100, mieszczą się w normie, ponieważ tabele i wykresy przygotowywane są tylko na podstawie danych dzieci zdrowych. Jednak miesiąc, w którym przyrost wagi przypada na 3 centyl, zwykle jest wyjątkiem, anomalią wywołaną wirusem, biegunką czy rozłąką z matką, albo stanowi wartość skrajną procesu, który sam w sobie jest bardzo zróżnicowany. Zwykle w kolejnym miesiącu niemowlę więcej przybiera na wadze. Dlatego istnieją tabele dla różnych przedziałów czasowych i ważne jest, by korzystać z najbardziej odpowiedniej. Przyjrzyjmy się przykładowi z tabel WHO:

Dziewczynki, przyrosty w przedziałach miesięcznych, centyl 3:

- 3-4 miesięcy: 214 g
- 4-5 miesięcy: 130 g
- 5-6 miesięcy: 52 g
- 6-7 miesięcy: - 4 g

Czy to oznacza, że zdrowa dziewczynka może przybrać na wadze tylko 214 + 130 + 52 - 4 = 392 g od 3 do 7 miesiąca? Nie, ponieważ zdrowe dziecko może przybrać na wadze „minimalną" ilość gram w danym miesiącu, ale nie przez kilka miesięcy z rzędu. Przyjrzyjmy się kolejnej tabeli:

Dziewczynki, przyrosty w przedziałach dwumiesięcznych, centyl 3:

- 3-5 miesięcy: 556 g
- 5-7 miesięcy: 267 g

Suma tych wartości to 823 g, ponad dwa razy tyle, co wynik dla czterech przedziałów miesięcznych. Wciąż jednak nie jest to wartość wystarczająca:

Dziewczynki, przyrosty w przedziałach czteromiesięcznych, centyl 3:

- 3-7 miesięcy: 1071 g

Dlatego ważne jest, by oceniać nie tylko przyrost dla każdego miesiąca, ale mieć ogląd całości, znać przyrosty w dłuższych przedziałach czasowych. Istotne jest również, by brać pod uwagę wzrost – waga odpowiednia dla niskiego dziecka może nie być wystarczająca dla dziecka wysokiego.

ROZSZERZANIE DIETY

Pediatra kazał mi wprowadzić dwa razy dziennie bezglutenową kaszkę zbożową. Problem w tym, że mój synek (cztery i pół miesiąca) nawet nie chce na nią patrzeć, a pediatra powiedział, że mam go zmuszać. Szczerze mówiąc, to prawdziwa męka i serce mi się kraje, kiedy patrzę, jak się maluch męczy. Odkąd się urodził, nigdy nie był głodomorem, nieraz najadał się już po dwóch minutach przy piersi, nigdy też nie chciał butelki.

Chociaż aktualne zalecenia mówią o wprowadzaniu pokarmów stałych raczej w wieku sześciu miesięcy niż czterech[22], nie to drobne przyspieszenie wywołało konflikt, a błędne zalecenie zmuszania dziecka. Pamiętajmy, że nowe pokarmy wprowadzamy w niewielkich ilościach, które zwiększamy stopniowo, w miarę jak dziecko je akceptuje.

Jeszcze bardziej dramatycznie brzmi wypowiedź Teresy:

W wieku sześciu i pół miesiąca wprowadziliśmy owoce i było jeszcze gorzej niż z kaszką, bo od samego początku odmawiał. Na sam widok zbliżającej się łyżki odsuwał się do tyłu i zamykał buzię, a jeśli wielkim wysiłkiem udało mi się włożyć mu coś do buzi, wypluwał to, więc logiczne, że nadal przystawiałam go do piersi również po południu.

Kiedy poszłam z nim na kontrolę w wieku siedmiu miesięcy, pediatra mnie skrzyczał i kazał ostrzej postępować z dzieckiem. Jeśli nie będzie chciał zjeść kaszki czy owoców, mam mu potem nie dawać piersi, nawet jeśli będzie płakał i będzie głodny, w którym to przypadku mam mu podawać wodę aż do następnego posiłku, bo chociaż jego waga nie jest zła, powinnam była zrobić więcej, a nie zrobiłam, właśnie dlatego, że dziecko wchodzi w etap, w którym zużywa więcej energii i potrzebuje węglowodanów, których dostarcza mu kaszka, i witamin i minerałów z owoców.

Synek Teresy ma siedem miesięcy, mierzy 72,5 cm i waży 9 kg. Według tabel WHO jego wzrost jest znacznie powyżej 85 centyla, jego waga bliżej 85 niż 50 centyla, a stosunek wagi do wzrostu przypada dokładnie na średniej. W świetle tych danych, mimo że Teresa nie informuje nas, jakie były przyrosty wagi w ostatnich miesiącach, mało prawdopodobne, by występował tu jakikolwiek problem. Tak czy inaczej, fakt, że jej synek odmawia większych ilości posiłków, jest wystarczającym dowodem na to, że nie jest głodny. Nie trzeba chyba tłumaczyć, że rada, by dawać dziecku wodę zamiast mleka, ponieważ potrzebuje więcej energii, jest nieracjonalna – woda, o ile mi wiadomo, nie dostarcza żadnej wartości kalorycznej. Pokarmy stałe nie zastępują karmienia piersią, ale je uzupełniają. Ponadto, jak już wspominaliśmy, zapotrzebowanie energetyczne na kg masy ciała nie zwiększa się w ciągu pierwszego roku, a zmniejsza.

UWAŻAJ, CO MÓWISZ

Raz wypowiedzianych słów nie można cofnąć, a wypowiedzi matek z tej książki pokazują, jakich zmartwień może przysporzyć jedna przelotna uwaga.

Musimy wyeliminować z naszego języka takie wyrażenia jak „zbyt mało waży", „zbyt niska waga", „za mało przybrał na wadze". Albo dziecko spełnia kryteria diagnostyczne opóźnienia wzrostu[2] (przyrost wagi poniżej -2 odchylenia standardowego przynajmniej przez okres dwóch miesięcy u dzieci poniżej sześciu miesięcy, lub przynajmniej przez trzy miesiące u dzieci starszych, oraz aktualny stosunek wagi do wzrostu poniżej 5 centyla), albo ich nie spełnia. Oczywiście, w niektórych niejasnych przypadkach rozsądnie jest ściśle kontrolować wagę, a może również zalecić częstsze karmienia, ale można to zrobić bez przyczepiania dziecku „etykietek" ani straszenia rodziny.

Należałoby również mniej rygorystycznie formułować nasze zalecenia. Porównajmy następujące zdania:

A. Po x miesiącu proszę podawać mu kurczaka.
B. Po x miesiącu może pani zacząć proponować mu kurczaka.
C. Po południu 180 g przecieru warzywnego.
D. W porze, która mu najbardziej odpowiada, proszę zaproponować mu trochę warzyw, a jeśli mu posmakuje, stopniowo zwiększać ilość.

Surowe zalecenia dotyczące ilości, harmonogramu, kolejności wprowadzania pokarmów i inne szczegółowe wytyczne nie tylko nie mają podstaw naukowych[2,18],ale mogą stać w sprzeczności z zapotrzebowaniem dziecka, poglądami matki i jej rodziny, albo zaleceniami innych specjalistów.

I wreszcie, jeśli matka wychodzi z gabinetu, mając wrażenie, że ktoś ją „skrzyczał", jest to co najmniej niepokojące.

A MOŻE BYŚMY TAK ZDJĘLI WAGĘ Z PIEDESTAŁU?

Wizyta u pediatry zwykle przebiega zgodnie z pewnym protokołem. Matka opisuje, jak rozwija się dziecko, rozbierając je. Pediatra je bada. Na koniec dziecko jest mierzone i ważone, i dopiero wtedy matka pyta: „No i jak, panie doktorze?".

Wygląda to tak, jakby waga była najważniejsza, żeby ocenić, czy dziecko jest zdrowe.

W rzeczywistości tymczasem najważniejsze jest to, co opowiada matka, która widzi dziecko na co dzień. Drugie w kolejności co do znaczenia jest badanie, które pozwala ocenić zdrowie fizyczne i rozwój psychomotoryczny dziecka. A najmniej istotna jest waga, która rzadko dostarcza jakichkolwiek danych, których nie podejrzewalibyśmy już wcześniej: jeśli dziecko jest naprawdę niedożywione albo otyłe, to widać. Główną przyczyną użyteczności pomiarów wagi u dziecka, którego wygląd, stan ogólny i wyniki badania są w normie, jest po prostu możliwość uzyskania punktu odniesienia, by w razie przyszłej choroby wiedzieć, ile straciło na wadze.

Czy nie moglibyśmy zrobić czegoś, by waga straciła swoje centralne miejsce podczas wizyty? Może zamiast czekać na wynik ważenia, by określić, czy dziecko „ma się dobrze", możemy na wstępie podsumować to, co mówi matka:

– Czyli z tego, co pani mówi, córeczka jest zupełnie zdrowa i rozwija się normalnie.

Potem, podczas badania, wyjaśniać:

– Ładnie wodzi wzrokiem. Osłuchowo w normie…

I wreszcie rzucić:

– Świetnie, pani córka jest zupełnie zdrowa i bardzo bystra. Teraz, z ciekawości, zobaczymy, ile waży.

CZĘŚĆ CZWARTA

NAJCZĘSTSZE WĄTPLIWOŚCI

NAJCZĘSTSZE WĄTPLIWOŚCI

A JEŚLI NAPRAWDĘ NIE JE?

Oczywiście, istnieją dzieci, które nie jedzą (tzn. jedzą mniej niż potrzebują). Dziecko, które nie je, różni się od „dziecka, które nie je" tym, że pierwsze z nich traci na wadze, a drugie nie.

Przyczyny, dla których dziecko naprawdę może przestać jeść, bywają różne. Niektóre z nich nie różnią się zbytnio od tych, które sprawiają, że jeść przestajemy my, dorośli: grypa lub przeziębienie, biegunka, angina, nie mówiąc już o poważniejszej chorobie.

Jeśli dziecko nie chce jeść, bo ma gruźlicę, nie wyleczy się od tego, że będziemy mu wlewać jedzenie przez lejek. Wyzdrowieje, jeśli zastosujemy leczenie odpowiednie do choroby, a po wyzdrowieniu zacznie jeść samo z siebie. Dlatego podtrzymujemy ogólną zasadę: nigdy nie zmuszaj dziecka do jedzenia. Jeśli jest zdrowe, zjadło już tyle, ile potrzebuje. Jeśli jest chore, proponuj mu często jego ulubione potrawy, ale nie zmuszaj, bo doprowadzisz tylko do wymiotów. Jeśli traci na wadze, zabierz je do lekarza.

Karmiłam Cristinę (siedem i pół miesiąca) wyłącznie piersią do wieku sześciu miesięcy, a potem zaczęłam jej proponować produkty stałe, nie zmuszając do jedzenia. Nie akceptuje jednak żadnych pokarmów dodatkowych. [...] Pediatra mówi, że mała nie rośnie, że powinnam zabrać jej pierś, jak zgłodnieje, na pewno zacznie jeść. [...] mniej więcej od dwóch miesięcy ssie pierś nawet częściej niż co dwie godziny.

Od piątego do ósmego miesiąca Cristina nie przybrała na wadze ani o gram. Matka zasięgała rady różnych pediatrów i wszyscy zgodzili się, że mała nie chce jeść, bo jest „rozpuszczona" tak częstym karmieniem piersią, i że należy ją odstawić, żeby zaczęła jeść. Od ósmego do dziewiątego miesiąca dziewczynka nie tylko nie przybrała na wadze, ale nawet schudła, więc matka pojechała na ostry dyżur do dobrego szpitala. Zdiagnozowano mukowiscydozę, poważną chorobę dziedziczną. Jest to ekstremalny przykład czegoś, co niestety zdarza się zbyt często: jeśli karmione piersią dziecko nie przybiera na wadze, nikt się tym nie martwi, nikt nie robi mu badań ani nie stara się dociec, co mu jest, po prostu mówi się matce, żeby podała butelkę, i już. Później, kiedy na butelce też nie przybiera, lekarze zaczynają naprawdę się zastanawiać i odkrywają, że dziecko było chore. To smutne, ale niektóre matki zmuszone są kłamać i ukrywać fakt, że karmią dziecko piersią, by uzyskać konieczną pomoc lekarską.

O dziwo, jedynym produktem, który Cristina akceptowała oprócz piersi (całe szczęście, że matka nie posłuchała tych idiotyzmów o odstawianiu!), był kurczak. Osobiście uznaję to za dowód na to, że dzieci wiedzą, czego im potrzeba – mukowiscydoza powoduje utratę białek i Cristina szukała pokarmów, które zawierają ich dużo.

Inne dzieci przestają jeść z przyczyn psychologicznych. Widziałem kiedyś dziewczynkę, w wieku nieco ponad rok, która przestała jeść i gwałtownie spadła na wadze, kiedy jej matka wróciła do pracy. Dziewczynka miała dwie babcie, a jedna z nich często ją odwiedzała i bawiła się z nią. Niestety z różnych powodów do opieki nad córką matka wybrała drugą babcię, której dziewczynka niemal nie znała. Mała znalazła się nagle w rękach osoby obcej, „porzucona" przez mamę (No przecież wiem, że matka jej nie porzuciła. Tyle że dziewczynka tego nie wiedziała, nie mogła tego wiedzieć. W pierwszych latach życia dziecka, kiedy matka wychodzi na kilka godzin, maluch zachowuje się zawsze tak, jakby odchodziła na zawsze).

CZY BĘDĘ MUSIAŁA ODSTAWIĆ GO OD PIERSI, ŻEBY ZACZĄŁ JEŚĆ?

Moja córka urodziła się siedem i pół miesiąca temu i od tej pory wciąż wisi mi na piersi... Przy każdym karmieniu szykuję i podaję jej przecier, na co ona odwraca głowę i nie otwiera ust nawet przez nieuwagę... Co mam robić? Odstawić ją całkiem od piersi, jak mi radzą niektórzy, i wtedy zacznie jeść?

Tak jak Marisa, wiele matek słyszy rady, by odstawiły dziecko od piersi, wraz z argumentem, że wtedy na pewno zaakceptuje pokarmy stałe. Jakby dzieci karmione butelką tak świetnie przyjmowały rozszerzanie diety!

Jestem zrozpaczona. Moja dziesięciomiesięczna córka chce jeść wyłącznie mleko z butelki i zupełnie odmawia jedzenia jakichkolwiek warzyw.

Wyjaśniliśmy już (patrz „Kiedy mama pracuje poza domem"), że nagłe odstawienie dziecka od piersi łatwo może wywołać odmowę jedzenia. Zdarzało mi się obserwować, jak niemowlę traci pół kilo w ciągu miesiąca z powodu podobnie nieoczekiwanego odstawienia. Po wznowieniu karmienia piersią (zgodnie z pragnieniem zarówno dziecka, jak i matki), maluch natychmiast odzyskuje zainteresowanie życiem i akceptuje nie tylko pierś, ale i butelkę. Nadrobiwszy utratę wagi, niemowlę z łatwością wraca do wyłącznego karmienia piersią. W innych przypadkach, jeśli nikt nie wstawi się za matką i dzieckiem, maluch ostatecznie się poddaje, bo instynkt samozachowawczy jest silniejszy nawet niż rozpacz. Dziecko w końcu akceptuje butelkę, z trudem nadrabia utratę wagi i oczywiście zostaje z niższą wagą niż przedtem.

Myślisz, że przesadzam? Zobacz, co przydarzyło się Laurze:

Moja córeczka ma jedenaście miesięcy, waży 7230 g i mierzy 71 cm. Problem w tym, że nie chce jeść. Karmiłam ją piersią, aż skończyła osiem miesięcy. Kiedy miała cztery miesiące, wprowadziłam jej przecier owocowy, miesiąc później kaszkę zbożową, a potem warzywa z mięsem i rybę. Do wieku sześciu miesięcy ładnie przybierała na wadze. Od tamtego czasu jadła mało, a teraz można powiedzieć, że praktycznie nic nie je.

Kiedy karmiłam ją piersią, zawsze była gotowa jeść, a teraz pora karmienia stała się prawdziwą męczarnią.

Zgodnie z siatkami hiszpańskimi i amerykańskimi, wykorzystywanymi w tym czasie, waga Laury była poniżej 3 centyla (co, jak już wyjaśniliśmy, niekoniecznie musi wykraczać poza normę). Ktoś pewnie pomyślał, że na sztucznym mleku będzie przybierać lepiej. Jak widać, tak się nie stało. W siatkach WHO waga Laury mieści się w normie, ćwierć kilo powyżej 3 centyla. Problemem nie jest jednak zastosowanie takich czy innych siatek – starych wykresów można używać z zachowaniem rozwagi i zdrowego rozsądku, a siatki WHO wykorzystać w sposób restrykcyjny i bezrefleksyjny.

ALE CZY NIE ZACHORUJE NA ANOREKSJĘ?

Jadłowstręt psychiczny (anoreksja) to poważna choroba o podłożu psychicznym. Nie występuje u małych dzieci, a u nastolatków (chociaż wydaje się, że wiek, w którym choroba się pojawia, ma tendencję do obniżania się). Tak czy inaczej, choroby tej nie leczy się, zmuszając pacjenta do jedzenia, ponieważ byłoby to raczej podejście kontrproduktywne. Zatem nasza zasada wciąż obowiązuje: nigdy nie zmuszać dziecka do jedzenia, a jeśli traci na wadze, rozważyć chorobę (która również może mieć podłoże psychiczne). Nastolatki chorujące na anoreksję tracą na wadze, i to wiele kilogramów. Dlatego jeśli twoje dziecko nie traci na wadze, w jakimkolwiek wieku by nie było, nie cierpi na anoreksję.

POWIEDZIANO MI, ŻE MA ANOREKSJĘ DZIECIĘCĄ

Zgadzam się zupełnie ze wszystkim, co Pan mówi [...] ale w przypadku mojej córki jest inaczej, bo ona naprawdę nie je. [...]

Od początku nie chciała mi ssać piersi [...] Musiałam odciągać mleko i podawać je z butelki [...] Ale zabrakło mi mleka i zaczęłam podawać mieszankę z apteki (wtedy zaczęła się nasza męczarnia). Wypijała połowę butelki i zaczynała płakać. [...] Miała robione badania i wszystko wyszło prawidłowo, miała tylko niewielki refluks, dostałyśmy mleko przeciwrefluksowe i Prepulsid. [...] Jedyny sposób, żeby coś zjadła, to karmienie przez sen. [...]

Teraz ma trzynaście miesięcy i waży 7 kg. Sytuacja wygląda okropnie. Mleka nie pije prawie wcale [...] a przecierów zjada mi 4-5 łyżeczek. [...]

Pediatra mówi, żeby ją położyć do szpitala i odżywiać przez sondę, żeby przybrała na wadze, a potem oddać w ręce psychologów. [...]

Pediatrzy wykluczają przyczyny organiczne.

Wyjaśnijmy terminologię. „Anoreksja" to inaczej „jadłowstręt" i oznacza „brak apetytu", „niejedzenie". Jadłowstręt to objaw, który może wystąpić podczas niemal każdej choroby. Dziecko chorujące na anginę czy dorosły z biegunką prawdopodobnie będą również cierpieć na jadłowstręt. Natomiast „anoreksja", czyli „jadłowstręt psychiczny", to konkretna choroba. Różnica jest taka sama, jak pomiędzy „gorączką", objawem towarzyszącym setce różnych chorób, a „gorączką plamicową", konkretną, jednoznacznie określoną chorobą. Nie istnieje choroba o nazwie „anoreksja dziecięca", jest to po prostu elegancki, wyszukany sposób opisania dziecka, „które nie chce jeść".

Jeśli zabierzesz dziecko do lekarza, mówiąc, że zauważyłaś, że jest bardzo gorące, a lekarz obejrzy je i powie „ma zapalenie ucha", to znaczy, że postawił diagnozę, dał ci informację, której nie znałaś. Ale jeśli powie ci tylko, że dziecko „ma gorączkę", to i co z tego, tyle to sama wiedziałaś, przyczyna pozostaje nieznana. Podobnie, jeśli mówisz: „moje dziecko nie chce jeść", a odpowiedź brzmi: „ma anoreksję dziecięcą", to nie zdiagnozowano tu żadnej choroby. W mieszance greki i łaciny powtórzono ci po prostu to, co sama stwierdziłaś.

Wracając do powyższego przypadku Maite: to prawda, że jej waga jest poniżej najniższej kreski na wykresie, ale niewiele. To logiczne, że pediatra robi badania i testy, by upewnić się, czy nie jest chora. Ale jeśli wszystkie wyniki wychodzą w normie, to dowód, że dziewczynka jest zdrowa, najzwyczajniej w świecie zdrowa. Jest to więc przypadek jednego z tych 15000 zdrowych roczniaków (3 procent całej populacji dzieci w tym wieku), które w naszym kraju znajdują się poniżej 3 centyla.

Pomysł odżywiania dziewczynki przez sondę to dopiero niesłychana bzdura. Na nieszczęście nie jest to pierwszy przypadek, o którym słyszę. Moim zdaniem jest to niewątpliwie forma maltretowania dziecka i rzeczywiście trzeba by „oddać dziewczynkę w ręce psychologów", gdyby poddano ją podobnemu traktowaniu. Tak samo jak nie można operować wyrostka zdrowej osobie, nie można zdrowej osoby kłaść do szpitala i odżywiać przez sondę. A Maite jest zdrowa, wykazano to przeprowadzając wszystkie badania, jakie tylko przyszły lekarzom na myśl, a których wyniki wszędzie wyszły w normie.

Gdyby mimo prawidłowych wyników wszystkich badań, Maite z nieznanych przyczyn traciła na wadze, gdyby zaczęła ważyć 6 kg, potem 5, a potem 4, gdyby straciła radość życia i gasła jak świeczka, logiczne byłoby stwierdzenie: „nic nie umiemy znaleźć, ale widać, że jest chora, wprowadzimy odżywianie przez sondę, a nawet dożylnie, jako desperacką próbę utrzymania jej przy życiu, a tymczasem dalej będziemy prowadzić badania, może uda się ją wyleczyć, a może stanie się cud i sama wyzdrowieje". Ale Maite przybiera na wadze, powoli ale stale, odkąd się urodziła, jej rozwój psychomotoryczny przebiega w normie, a w chwilach, w których nikt jej nie torturuje, wciskając na siłę jedzenie, dziewczynka jest szczęśliwa.

Tymczasem Prepulsid (cisaprid) nie jest już prawie w ogóle stosowany, a w Stanach Zjednoczonych został wycofany z rynku z powodu poważnych skutków ubocznych. Jeśli zaś chodzi o różne rodzaje mleka przeciwrefluksowego, to w przypadku, gdy refluks naprawdę występuje, są one uznawane za nieskuteczne[36].

Co by się stało, gdyby Maite, zamiast urodzić się teraz, w wieku opieki społecznej i darmowych wizyt u pediatry, urodziła się na początku XX w.? Uznano by ją za chudzielca i matka może próbowałaby dawać jej jakiś „tonik wzmacniający", reklamowany w tamtych czasach. Nikt jednak nie robiłby jej badań, nikt nie straszyłby rodziców, nikt nie groziłby jej karmieniem za pomocą sondy. Gdyby skonsultowano się z doktorem Ulecią, szanowanym specjalistą od leczenia niedożywionych dzieci, o którym opowiemy w dodatku dotyczącym historii, ten nawet by się nie wzruszył. W jego książce można obejrzeć zdjęcia dzieci, które z sukcesem leczył: T.A., sześć i pół miesiąca, 4020 g, w wieku trzynastu miesięcy udało się osiągnąć 5530 g; M.C., szesnaście miesięcy, 5800 g, w wieku dwóch lat ma się „świetnie", bo waży już 7700 g… To były prawdziwe problemy z wagą, i wszystkie leczył bez uciekania się do sondy, wyłącznie za pomocą odpowiednich posiłków.

CZY NIE SKURCZY MU SIĘ ŻOŁĄDEK?

Nie. Przepraszam, wiem, że w książce oczekuje się trochę obszerniejszych odpowiedzi, ale aż brak mi słów. Nie, po prostu nie.

A JEŚLI ROBI TO, ŻEBY ZWRÓCIĆ NA SIEBIE UWAGĘ?

„Zwracanie na siebie uwagi" to naprawdę nieszczęśliwe określenie. Po prostu nie miało ono w życiu szczęścia. Rzecz w tym, że różne osoby rozumieją je w sposób nie tylko różny, ale nawet sprzeczny, a to największe nieszczęście, jakie może spotkać zwrot językowy.

W języku potocznym „zwracać na siebie uwagę" oznacza robić dziwne rzeczy, by zyskać popularność. Można pomalować sobie włosy na zielono albo spacerować z tygrysem na smyczy. W tym znaczeniu zwracanie na siebie uwagi uznawane jest za coś całkowicie negatywnego, podobnie jak „robienie z siebie głupka" czy „robienie przedstawienia". Nikt nie zwraca zbytniej uwagi na tych, którzy „chcą tylko zwrócić na siebie uwagę".

Dla psychologów zajmujących się zachowaniem dzieci, „zwracanie na siebie uwagi" ma przynajmniej dwa różne znaczenia, z których żadne nie ma wydźwięku negatywnego. W żadnym z tych dwóch znaczeń nie uznaje się, że dziecko robi przedstawienie albo głupoty, ani że należy przestać zwracać na nie uwagę.

Pierwsze znaczenie odnosi się do spontanicznego (instynktownego) zachowania, występującego również u młodych innych ssaków: kiedy młode odłącza się od matki, żeby się bawić lub badać otoczenie, często zwraca się w jej kierunku, by zauważyła, gdzie jest, i co robi. Jednocześnie matka często szuka wzrokiem dziecka i również zwraca jego uwagę, wydając odpowiednie odgłosy, kiedy się przemieszcza, albo kiedy młode zbytnio się oddaliło. To, co inne zwierzęta robią za pomocą szczekania, chrząkania czy beczenia, u istot ludzkich nabiera bardziej skomplikowanej formy:

„Zobacz, mamusiu, zobacz, jaki zamek zbudowałem!", „Judit, nie wchodź na jezdnię", „Zobacz, mamo, jestem piratem!", „Chodź, Pablo, już idziemy!".

Łatwo zauważyć, że to zachowanie, zwracanie uwagi matki, przez miliony lat przyczyniało się do zachowania gatunku. Młode, które nie zwracały wciąż na nowo uwagi dorosłych, gubiły się lub zostawały pożarte, i w ten sposób dobór naturalny je eliminował. Zwracanie w ten sposób naszej uwagi jest dla dzieci instynktowne, nie umieją się od tego powstrzymać, a jeśli krzyczymy, żeby zostawiły nas w spokoju, bo chcemy poczytać gazetę, poczują się tylko bardziej niepewnie, więc zaczną domagać się naszej uwagi jeszcze bardziej.

Drugie znaczenie, które psychologowie przypisują pojęciu „zwracania na siebie uwagi", odnosi się do mniej czy bardziej nietypowego zachowania, które podejmuje dana osoba, kiedy potrzebuje uwagi, a nie może lub nie potrafi uzyskać jej w tradycyjny sposób. Dlatego mówi się, że dziecko uderza się po głowie, wymiotuje, kopie czy robi kupę w majtki, żeby zwrócić na siebie uwagę. Dorośli też czasami robią różne rzeczy dla zwrócenia uwagi: to ataki histerii, groźby lub próby samobójcze, krzyki i kłótnie. Nikt nie ucieka się do takich skrajności, jeśli wcześniej nie zawiodły prostsze sposoby zwrócenia uwagi, takie jak rozmowa czy płacz.

Kiedy psycholog mówi: „To dziecko bije i gryzie swoich kolegów, żeby zwrócić na siebie uwagę", oto, co chce powiedzieć: „To dziecko potrzebuje dużo więcej uwagi, niż dostaje, i zostało zmuszone do bicia i gryzienia, bo inaczej nie zwracano na niego uwagi, więc żeby rozwiązać problem, trzeba poświęcać mu dużo uwagi". Na nieszczęście wielu rodziców, a nawet niektórzy specjaliści, odczytują ten zwrot w jego potocznym rozumieniu, jako „to dziecko robi przedstawienie" albo „robi z nas głupków", i wydaje im się, że należy je ignorować, żeby „wybić mu z głowy te głupoty".

Większość dzieci, które odmawiają jedzenia, robi tak po prostu dlatego, że nie potrzebuje więcej pokarmu. Jedyne, na co próbują wtedy zwrócić naszą uwagę, to „hej, najadłem się już!". Możliwe, że któreś dziecko będzie się starało w kontekście posiłku zwrócić naszą uwagę na inne tematy i to wskazywałoby, że potrzebuje więcej uwagi: żeby się z nim bawić, opowiadać mu bajki, szanować jego małe osiągnięcia, oraz nie odmawiać kontaktu fizycznego i towarzystwa. A przede wszystkim nie zmuszać do jedzenia.

CZY TRZEBA PODAWAĆ WODĘ, SOKI, HERBATKI?

Doradzono mi [w szpitalu], że powinna pić wodę, szczególnie, że jest lato. Rzecz w tym, że mała [dwanaście miesięcy] pije bardzo mało wody, nie chce butelki z wodą, a z kubka wypija odrobinę, a potem zaczyna się nim bawić. Dajemy jej już od dawna, ale niemal na siłę, a ona odpycha butelkę rączką, próbowałam dawać soki świeżo wyciskane i gotowe, ale nie chce. […] Jak mogę ją zachęcić i sprawić, że picie wody będzie dla niej atrakcyjne i potrzebne?

Nie, przykro mi, nie ma sposobu, by picie wody stało się potrzebne. Gdyby potrzebowała wody, to by piła, a skoro nie pije, to znaczy, że nie potrzebuje, i kropka.

No dobrze, jeden sposób by się znalazł. Jeśli dasz dziecku kilka łyżeczek czystej soli i uda ci się doprowadzić do tego, by je połknęło, zacznie potrzebować wody. Ale to bardzo, bardzo niebezpieczny sposób i nie wiem, po co ktokolwiek miałby coś takiego robić.

Dzieci karmione piersią w sposób wyłączny i na żądanie nie potrzebują wody, chyba że mają wysoką gorączkę albo poważną biegunkę (w tych przypadkach należy podawać im pierś w krótkich odstępach czasu, a oprócz tego można zaproponować im po karmieniu niewielką ilość wody). Prowadzono badania nawet z udziałem Beduinów na pustyni i ich dzieci też nie potrzebują wody.

Dzieci karmione wyłącznie butelką, przygotowaną prawidłowo i na żądanie, też nie potrzebują wody. Niesamowite, jak dużo ludzi, nawet specjalistów, wciąż uważa, że jednak tak. Słuchaj, jeśli eksperci podają, że należy dać „jedną miarkę proszku na każde 30 ml wody", to mają jakiś powód. Gdyby dzieci potrzebowały więcej wody, nic by nie kosztowało podać „jedną miarkę proszku na każde 40 ml wody".

Dzieci, które zaczynają jeść inne produkty, prawdopodobnie potrzebują jeszcze mniej wody niż wcześniej, jeśli to co jedzą, to owoce i warzywa. Natomiast kiedy zaczną jeść wystarczającą ilość pokarmów bardziej słonych lub suchych (kurczaka, chleb, biszkopty...), zaczną odczuwać pragnienie.

Na wszelki wypadek, w momencie, gdy zaczynasz wprowadzać inne pokarmy, możesz zacząć proponować dziecku wodę, najlepiej z kubka (dzieci karmione piersią będą wolały kubek niż butelkę, a dzieci karmione butelką powinny już zacząć uczyć się pić z kubka). Jeśli jednak twoje dziecko odmawia picia wody, nie nalegaj w najmniejszym stopniu i przestań się tym martwić. Ono doskonale wie, kiedy musi się czegoś napić, nie ma co do tego najmniejszych wątpliwości.

A przede wszystkim, do picia podajemy tylko wodę. Żadnych soków ani herbatek, ani wody z cukrem, ani w ogóle nic oprócz wody. Zwyczajowe picie soków i napojów chłodzących zamiast wody jest jedną z przyczyn rozprzestrzeniającej się obecnie epidemii otyłości wśród dzieci i młodzieży.

Owoce są bardzo zdrowe, natomiast soki nie. Nie chodzi o to, że sklepowy sok zawiera coś złego, nie. Ale nawet gdybyś przygotowywała soki w domu, nie należy ich nadużywać. Problem w tym, że szklanka soku zawiera dwie lub trzy pomarańcze. Nikt nie pogryzie naraz tylu pomarańczy. Zbyt łatwo jest natomiast wypić szklankę soku, a wkrótce jeszcze jedną, tak że niektóre dzieci wypijają ponad litr soku dziennie. Małym dzieciom żołądek napełnia się sokiem i potem nie mają miejsca na nic innego. U większych dzieci problem jest odwrotny – żołądek mają większy, więc mieści im się wszystko, co mają zjeść, a do tego jeszcze sok, co prowadzi do otyłości. Nadmiar naturalnych cukrów owocowych może też w każdym wieku wywołać przewlekłą biegunkę. Dlatego Amerykańska Akademia Pediatryczna[37] zaleca, by nigdy nie podawać soków dzieciom w wieku poniżej sześciu miesięcy. W wieku od roku do sześciu lat maksymalne spożycie (maksymalne! bo jeśli chodzi o zapotrzebowanie, to nie potrzebują ich w ogóle) wynosi od 110 do 170 ml dziennie (pół szklanki do jednej szklanki, i to niepełnej), a w wieku siedmiu do osiemnastu lat dwa razy tyle. Podsumowując: od święta oczywiście lepszy sok niż napoje chłodzące, ale na co dzień tylko woda.

Jeśli zaś chodzi o ziołowe herbatki dla niemowląt, to skandal, że nie wycofuje się ich z rynku. W 95 procentach składają się z cukru, zwykle glukozy (dekstrozy), a w niektórych przypadkach też sacharozy (cukru kuchennego), w niewiarygodnej cenie ok. 100 zł za kilogram. Gdybyś codziennie podawała dziecku taką ilość tych herbatek, jaką zalecają na etykiecie, do pierwszych urodzin zjadłoby ponad 7 kg czystego cukru, które kosztowałyby cię ponad 700 zł. Gdyby niemowlęta potrzebowały ziołowych herbatek (a nie potrzebują), lepiej byłoby przygotować je w domu, bez cukru, a gdyby potrzebowały cukru (którego też nie potrzebują), możesz go kupić w supermarkecie na rogu 40 razy taniej.

DLACZEGO TAK CZĘSTO WYMIOTUJE?

Mam dwadzieścia cztery lata i jestem zdesperowaną matką. Mam jedenastomiesięczną córeczkę, która zawsze była niejadkiem, a na dodatek, jakby tego było mało, często wymiotuje. Kiedy była malutka, pediatra powiedział, że to refluks, i kazał przejść z karmienia piersią na mleko przeciwrefluksowe... Ale teraz to już przechodzi ludzkie pojęcie, z czterech posiłków zwraca dwa. Mówiono mi, że to dlatego, że jej dużo daję, ale ona wymiotowała już przy piątej łyżeczce. Wszystko powoduje u niej nudności, nie chce żadnych produktów stałych, takich jak biszkopty, wystarczy jeden kawałeczek większy niż zwykle i już wymiotuje. Próbowałam porządnie miksować jedzenie i nic, nadal wymiotuje, zwraca nawet mleko. Teraz na obiad daję jej jeden z tych najmniejszych słoiczków i też zwraca... Wiele razy robiliśmy jej badania moczu, miała też inne badania i lekarze mówią, że wszystko jest w porządku. Ale wydaje mi się niemożliwe, żeby nigdy nie była głodna i mogła spędzić nawet cały dzień bez jedzenia.

To prawdziwa męczarnia, nie umiem nawet cieszyć się moją córeczką jak inne matki, bo strasznie się martwię. Ile to potrwa?

Łatwo zrozumieć zaniepokojenie Manueli. Nie pisze, ile waży jej córka, ale chyba musi być w normie, skoro „miała badania i lekarze mówią, że wszystko jest w porządku". To znaczy, że chociaż Manueli wydaje się, że jej córka zjadła malutko, najwyraźniej zjadła za dużo. Dlatego że, nawet odliczając to wszystko, co zwymiotowała, w brzuszku zostało dość dużo jedzenia, by dziewczynka prawidłowo się rozwijała i nie chorowała.

Wszystkie niemowlęta ulewają lub zwracają pokarm. Niektóre tylko trochę, inne dużo. My, lekarze, nazywamy to „refluksem żołądkowo-przełykowym", co oznacza, że pokarm, który znajdował się w żołądku, podchodzi z powrotem do góry. W ogromnej większości przypadków (no, chyba że dziecko traci na wadze, wymiotuje krwią czy coś w tym stylu), jest to zupełnie normalne zjawisko. Dolny zwieracz przełyku jest u dzieci otwarty i pokarm się cofa. W wieku około roku zwieracz się domyka i dzieci przestają wymiotować.

Chyba że się je zmusza do jedzenia, oczywiście. Jak już wyjaśniliśmy, jeśli próbujemy zmusić dziecko, żeby zjadło za dużo, będzie wymiotować. Nie może się powstrzymać.

A JEŚLI W DOMU JESTEŚMY WEGETARIANAMI?

Zarówno dzieci, jak i dorośli, mogą bez problemu odżywiać się zgodnie z dietą laktoowowegetariańską[38].

Restrykcyjna dieta wegańska (bez jajek ani mleka) może być odpowiednia dla dziecka pod warunkiem, że będzie karmione piersią przez dwa-trzy lata, a poszczególne produkty spożywcze będą łączone zgodnie z zasadami sztuki. Zagłębianie się w dalsze szczegóły wykraczałoby poza zakres tej książki, a stosowanie restrykcyjnej diety wegetariańskiej (a tym bardziej zmuszanie małego dziecka do jej przestrzegania) nie byłoby rozsądne bez szerokiej wiedzy z zakresu odżywania. Ortodoksyjni wegetarianie zawsze muszą brać suplementy witaminy B12 i jest to szczególnie istotne podczas ciąży i karmienia piersią. Dużo informacji znajdziesz w internecie, na stronach poważnych organizacji wegetariańskich[39, 40].

Dieta makrobiotyczna to dieta progresywna, która w miarę postępów w stronę „doskonałości" jest coraz bardziej restrykcyjna. Nie jest to dieta odpowiednia dla dzieci, matek karmiących ani kobiet w ciąży. Znane są przypadki poważnego niedoboru witaminy B12 u dzieci karmionych piersią, których matki przestrzegały diety makrobiotycznej lub restrykcyjnej diety wegańskiej (bez jaj i mleka).

Nie zabraknie mu witamin?

Nie. Jeśli będziesz mu proponować odpowiednią dietę, dziecko dostanie wystarczającą ilość wszystkich substancji, jak mało by nie jadło.

Oczywiście, gdyby jego dieta składała się tylko z ziemniaków w proszku i cukierków, pewnie w końcu czegoś by mu zabrakło... ale twoje dziecko jest za małe, żeby iść i sobie kupić te produkty, może jeść tylko to, co dadzą mu rodzice.

[Zobacz uwagi na temat żelaza na stronie 129]

Dlaczego nie chce próbować nowości?

Mam synka w wieku prawie trzech lat, który bardzo mnie martwi, bo nigdy nie chce próbować nowych pokarmów.

Na tym świecie jest wiele trujących roślin i jeszcze parę zwierząt. Jednym z mechanizmów ochronnych, którymi dysponują zwierzęta, a który pozwala unikać wypadków, jest preferencja dla pokarmów znanych i początkowa niechęć wobec nowości.

Ma piętnaście miesięcy. Wcześniej zawsze chciał spróbować wszystkiego, co zobaczył, ale teraz je tylko to, czego już kiedyś spróbował. Nowości nawet nie wkłada do buzi.

Czy może być lepsza ochrona niż jeść tylko to, co jedli twoi rodzice? Udowodniono, że zwierzęta za pośrednictwem mleka matki poznają smaki pokarmów, którymi żywi się matka. W ten sposób owce karmione mlekiem matki jako dorosłe zwierzęta wolą jeść ten sam rodzaj ziół, które jadła matka, natomiast owce karmione sztucznie nie wykazują takich preferencji. Mimo że nie przeprowadzono podobnego eksperymentu u ludzi, zakłada się, że z dziećmi jest tak samo. Prawdopodobnie przyczynia się to do niechęci, jaką wykazują karmione piersią dzieci wobec podawanych im pokarmów stałych – nie smakuje im kaszka o smaku waniliowym ani przeciery wieloowocowe, bo nie są to produkty, które zwykle jada ich matka. Zwykle za to akceptują kęsy z jej talerza (i dopraszają się o nie!).

Stąd niechęć do nowych pokarmów u dzieci jest zjawiskiem najzupełniej normalnym, szczególnie jeśli smaku tych potraw nie poznały za pośrednictwem mleka matki. Nigdy nie należy zmuszać ich do jedzenia nowych produktów (bo się zniechęcą), nie trzeba też jednak wykluczać danego produktu z naszej diety. Udowodniono, że jeśli daną potrawę proponuje się dzieciom (nie zmuszając!) regularnie, i jeśli widzą, że jedzą ją rodzice, ostatecznie maluchy akceptują wiele różnych pokarmów (chociaż oczywiście nie wszystkie).

CZY NIE POWINIEN PRZYZWYCZAIĆ SIĘ JEŚĆ WSZYSTKO?

Kiedy ostatni raz byłaś na przyjęciu weselnym? Pamiętasz menu? Niemal we wszystkich restauracjach przygotowuje się dla dzieci osobny stół. Podczas gdy dorośli degustują wykwintne, egzotyczne sałatki albo ryby i owoce morza w oryginalnych sosach, dzieci jedzą „menu dziecięce", które niemal zawsze składa się z makaronu w sosie pomidorowym i pieczonego kurczaka z frytkami. Nigdy nie widziałem, żeby ktoś przy stole dla dorosłych (nawet spośród tych najmłodszych gości, którzy dopiero co zyskali sobie przywilej zasiadania przy nim) powiedział do kelnera: „Nie smakuje mi to, czy mógłby pan przynieść mi makaron i kurczaka?".

I okazuje się, że dzieci jedzą wprost wspaniale, ponieważ nie ma nikogo, kto by je zmuszał. A dorośli jedzą potrawy, których nieraz nie próbowali nigdy wcześniej, nie skarżąc się ani nie krzywiąc z obrzydzenia, i zwykle mówią, że im smakuje.

Naturalnie, profesjonaliści z branży restauracyjnej, którzy widzieli przy stole tysiące dzieci i dorosłych, wiedzą, że nie można sprawić, by dziecko jadło „wszystko". I wiedzą też, że dorośli owszem, jedzą „wszystko" (lub prawie wszystko), nawet jeśli wychowali się na makaronie.

Bierz z nich przykład i nie przejmuj się tą sprawą. Twoje dziecko będzie jadło wszystko (a przynajmniej wszystko, co jest w domu), kiedy przyjdzie jego czas. A tymczasem zmuszanie go do jedzenia jakiegoś produktu to najlepszy sposób, by mu go obrzydzić.

Prawdą jest, że wiele dzieci w wieku dwóch lat akceptuje szeroki wachlarz produktów, natomiast potem robią się bardziej wybredne. Od wieku 4-5 lat do okresu dojrzewania wydaje się, że niektóre dzieci ciągle jadłyby to samo: ryż w pomidorach, makaron, frytki, chleb z kremem czekoladowym i tak w kółko.

A propos, czy ty jesz wszystko? W każdej kulturze niektóre produkty spożywcze uznaje się za odpowiednie, a inne nie. Ja nigdy nie spróbowałbym wielu pokarmów, które w naszym kraju uznaje się za całkowicie jadalne, takich jak na przykład flaczki czy świńskie nóżki. A tym bardziej mrówki czy filety z psiny, które uznaje się za normalne pożywienie w innych krajach. Gdyby ktoś zaprosił mnie na obiad do domu, mógłby pomyśleć, że jestem bardzo źle wychowany, bo nie jem wszystkiego.

A JEŚLI MIAŁ NISKĄ WAGĘ URODZENIOWĄ?

Jestem mamą pięciomiesięcznej dziewczynki, która urodziła się przedwcześnie, w wyniku porodu wywołanego w 36 tygodniu z powodu wewnątrzmacicznego zahamowania wzrostu. W chwili narodzin ważyła 1950 g, a w tej chwili waży 5800 g.

[...] mała jadła wspaniale, chciała coraz więcej i niemal mnie przerażała szybkość, z jaką wypijała mleko z butelki. Jak tylko skończyła dwa miesiące, zaczęła codziennie zostawiać trochę przy każdym karmieniu. Teraz jest tak samo. Podczas czterech karmień wypija w sumie 480 ml mleka. Do każdej butelki dodaję dwie łyżeczki kaszki.

Wewnątrzmaciczne zahamowanie wzrostu zwykle wynika z jakiegoś problemu, na przykład z łożyskiem, który przeszkadza w normalnym odżywianiu płodu. Dlatego wywołano u Sylvii poród: żeby jej córka mogła jeść i przybierać na wadze. I to właśnie zrobiła: cierpiała na „opóźniony głód" i jadła jak szalona, aż jej waga wróciła do normy. Kolejny genialny dowód na to, że dzieci jedzą tyle, ile potrzebują. Osiągnąwszy cel, zaczęła jeść normalnie (ku rozpaczy Sylvii, która nie spodziewała się tej zmiany).

Nie wszystkie dzieci, które miały niską wagę urodzeniową, tak gwałtownie nadrabiają wagę. Zależnie od przyczyn wystąpienia problemu, możliwe jest, że dziecko będzie jadło mało i rosło powoli całymi latami.

Dzieci urodzone przed terminem lub z niską wagą urodzeniową mają mniejsze zapasy żelaza i być może trzeba będzie podawać im krople uzupełniające jego poziom. Zapytaj o to pediatrę.

NIE TRZEBA PRZYZWYCZAIĆ GO DO JEDZENIA O STAŁYCH PORACH?

A ty jadasz o stałych porach? Śniadanie, obiad i kolację jesz w niedzielę o tej samej porze, co w środę? A kiedy w telewizji jest ciekawy mecz albo film, nie przekładasz kolacji na wcześniej albo później? A kiedy idziesz do teatru albo jesz na mieście?

Harmonogram posiłków należy do najdziwniejszych mitów w naszej kulturze. W rzeczywistości nikt nie przestrzega stałych pór posiłków. Jedzenie o stałych porach nie jest potrzebne dla zdrowia, na dobre trawienie, ani w ogóle do niczego. „Mądrość ludowa" pełna jest w tym zakresie sprzeczności: dla niektórych na przykład niebezpieczne jest pójście spać z pełnym żołądkiem, nie strawiwszy wcześniej posiłku, gdy tymczasem inni będą ci doradzać właśnie napchanie dziecka przed spaniem wielką porcją jedzenia, by przespało całą noc.

Tylko kiedy mamy pracę, czujemy się zobowiązani do tego, by się przystosować i jeść wcześniej lub później. Z tego samego powodu twoje dziecko będzie jadać o stałych porach, jak tylko pójdzie do przedszkola: będzie pić mleko przed wyjściem z domu, jeść kanapkę na śniadanie, obiad po porannym spacerze i podwieczorek po zajęciach popołudniowych. A może sądzisz, że jeśli nie będziesz mu podawać przecierów o stałych porach, tak ciężko przejdzie tę „zmianę rytmu", że w wieku dwunastu lat zabierze do szkoły pojemnik z makaronem i zje go na lekcji matematyki?

Nie trzeba też karmić dziecka zawsze w tym samym miejscu czy zawsze w ten sam sposób. Dziecko będzie czasem jeść w swoim krzesełku, a czasem u ciebie na kolanach. Niektóre pokarmy będzie jeść palcami, a inne łyżką. Czasem będzie jeść w waszym domu, a czasem u babci. Czasem będzie nawet jeść, idąc po ulicy.

Gdyby naprawdę istniała konieczność (a nie istnieje), by dzieci w wieku roku czy dwóch lat uczyć norm społecznych obowiązujących wśród dorosłych, ważne byłoby właśnie to, by nauczyć je nie przestrzegać żadnego harmonogramu. Wyobraź sobie, że kiedyś zabierasz swoje dwunastoletnie dziecko na obiad do babci, a rosół nie jest gotowy aż do wpół do trzeciej… i twoje dziecko od piętnaście po pierwszej płacze i krzyczy „jestem głodny, jestem głodny, jestem głodny”, bo od małego przyzwyczajałaś je do tego, że obiad zawsze jest o pierwszej piętnaście. Chciałabyś mieć tak „źle wychowane” dziecko?

CZY TO ŹLE PODJADAĆ MIĘDZY POSIŁKAMI?

To nic więcej, jak tylko ciąg dalszy poprzedniego mitu. Wszystko, co jemy, jest „posiłkiem”, nie można więc jeść „między posiłkami”.

Zwierzęta nie jedzą o stałych porach. Duże drapieżniki jedzą obfite posiłki w dużych odstępach czasu, jednak nie o stałych porach, ale różnie, kiedy uda im się coś upolować. Roślinożercy i owadożercy jedzą przez cały boży dzień, kiedy tylko znajdą coś, co mogą włożyć do pyska, chyba że mają już dość.

W rzeczywistości różne badania naukowe wskazują, że częstsze jedzenie małych ilości pokarmu nie tylko nie jest szkodliwe dla zdrowia, ale prawdopodobnie jest nawet lepsze niż zjadanie dużych posiłków w dużych odstępach czasu, jak to zwykle robimy[2]. Szczury laboratoryjne, którym podaje się duże ilości pokarmu niewiele razy dziennie, odkładają więcej tłuszczu niż zwierzęta, którym pozwala się jeść, jak chcą, nawet kiedy zjadają tę samą ilość kalorii. Produkują też więcej cholesterolu, a ich żołądek nadmiernie się powiększa. Oznacza to, że ich organizm reaguje na zagrożenie brakiem pożywienia wtedy, gdy jest ono potrzebne, zwiększając zdolność gromadzenia dużych zapasów w dobrych okresach.

Wśród ludzi osoby, które jedzą „o stałych porach” (niewiele obfitych posiłków), mają wyższy poziom cholesterolu i mniejszą tolerancję glukozy niż osoby, które „podjadają” (częste, ale małe posiłki). Dlatego cukrzykom zaleca się jedzenie pięć lub sześć razy dziennie.

Z tego samego powodu spędzenie całej nocy bez posiłku nie wydaje się korzystne dla metabolizmu niemowlęcia[2]. Chociaż teoretycznie dziecko mogłoby jeść więcej w ciągu dnia, a potem nie jeść nic w nocy, prawdopodobnie lepiej jest, by posiłki były rozłożone bardziej równomiernie. Faktu, że dzieci w nocy dopominają się piersi, nie należy więc uznawać za „fanaberię", ale konieczność.

ILE GODZIN MOŻE SPĘDZIĆ BEZ JEDZENIA?

Moje pytanie jest następujące: do jakiego wieku powinnam budzić moją ośmiomiesięczną córkę na karmienie, bo pediatra powiedziała, że nie powinna być bez jedzenia dłużej niż 10 godzin, żeby nie spadł jej poziom cukru.

Noworodki tracą na wadze, a im mniej ssą, tym bardziej chudną. Czasem powstaje błędne koło: tracą na wadze tak dużo, że są zbyt słabe, by płakać, a kto nie płacze, ten nie ssie... Dlatego rozsądnie jest przystawiać noworodka do piersi przynajmniej co cztery godziny, nawet jeśli się nie dopomina. Podobnie dziecku choremu lub tracącemu na wadze, w dowolnym wieku, czasem może warto proponować posiłki częściej, ale nigdy na siłę.

Nie trzeba jednak budzić na karmienie zdrowego dziecka, które regularnie przybiera na wadze, ani w wieku ośmiu miesięcy, ani dwóch tygodni. Chyba że to matce potrzebne jest karmienie, bo na przykład za bardzo nabrzmiewają jej piersi albo właśnie ma wyjść z domu.

ILE CZASU MUSI MINĄĆ OD POSIŁKU DO KĄPIELI?

Tak zwana „konieczna przerwa na trawienie" nie istnieje. Moczenie się po jedzeniu nie grozi absolutnie niczym.

Każdego roku środki masowego przekazu zapewniają nas, że jakiś pływak umarł z powodu kąpieli bezpośrednio po posiłku.

Nieprawda. Umarł, bo się utopił. Być może, naciągając mocno argumentację, można uznać, że niektóre osoby mogą poczuć się po bardzo obfitym posiłku ociężałe i zmęczone, co mogłoby zwiększyć prawdopodobieństwo wystąpienia wypadku, jeśli nierozsądnie odpłyną zbyt daleko od brzegu. Nie ma jednak absolutnie żadnego zagrożenia przy plaży, a tym bardziej w domowej wannie. Możesz kąpać dziecko bezpośrednio po posiłku.

DLACZEGO W DOMU NIE JE, A W PRZEDSZKOLU OWSZEM?

Dzieci zwykle „lepiej" zachowują się przy obcych niż przy swoich rodzicach. Nie potrafimy ukryć zdziwienia, gdy pani mówi nam, że w przedszkolu maluch zbiera swoje zabawki albo sam zawiązuje sobie fartuszek… Zawistnicy powiedzą, że robi cię w balona, ale nie daj się nabrać: tak naprawdę to wyraz miłości.

Po pierwsze, wszyscy tak robimy. A może nie jest tak, że ze strony szefa zniesiesz zachowania, których nie zniosłabyś u swojego męża? To kwestia zaufania i niech Bóg broni, by dzieci nie dostrzegały różnicy pomiędzy szkołą a prawdziwym domem.

A ty, drogi ojcze, który również czytasz tę książkę, gdzie byłeś bardziej posłuszny, gdzie się mniej skarżyłeś, gdzie wcześniej słałeś łóżko, ładniej składałeś ubrania, więcej zamiatałeś i zmywałeś, w domu czy w koszarach? A chciałbyś wrócić do wojska? Bardziej kochałeś sierżanta czy matkę?

Wracając do posiłków, trzeba rozróżnić ilość pożywienia i dobre maniery (czy je szybko, bez zabaw, brudzenia się, wstawania z krzesła…). To logiczne, że dziecko jest grzeczniejsze podczas jedzenia w przedszkolu, gdzie czuje się nadzorowane niż w domu, gdzie czuje się kochane i bezpieczne. Natomiast ilość, zjadanie bądź nie, to osobna kwestia, a różnica wynika zwykle z prostej przyczyny: w przedszkolu dziecka się nie zmusza.

Nigdy nie należy zmuszać dzieci do jedzenia, między innymi dlatego, że im bardziej się je zmusza, tym mniej jedzą. A w przedszkolu, choćby chcieli, nie mogą dzieci zmuszać, bo zwykle jest jedna „pani" na dziesięcioro lub więcej stołowników. Nie ma po prostu czasu na to, by truć dziecku głowę przez dwie godziny albo robić z łyżki samolot, kto się nie śpieszy, ten nie je. Więc oczywiście się śpieszą.

Zdarzają się wyjątki. Niektóre dzieci jedzą w przedszkolu jeszcze mniej niż w domu. Zwykle wynika to z tego, że tam zmusza się je jeszcze bardziej. To niewiarygodne, ale niektóre pokręcone umysły potrafią znaleźć czas, by zmuszać do jedzenia niektóre dzieci. Pozbawione troski, która łagodzi postępowanie prawdziwej matki, osoby te postępują czasem niezwykle okrutnie. Widywałem dzieci, które zmuszano nawet do zjadania własnych wymiocin. Nigdy nie puszczaj mimo uszu skarg swoich dzieci, na ten czy inny temat – dziecko, które boi się przedszkola, może mieć do tego aż nadto powodów.

Jeśli twoje dziecko stanie się ofiarą maltretowania, czy to w związku z jedzeniem, czy w jakiejkolwiek innej sprawie, ratuj je natychmiast i złóż doniesienie. Jeśli jest zmuszane do jedzenia, ale nie doszło jeszcze do tak skrajnych sytuacji, spróbuj porozumieć się z władzami szkoły lub przedszkola i przekonać je, by go nie zmuszano. Jeśli racjonalne argumenty nie skutkują, nie wahaj się opowiadać wyssanych z palca bajek, na przykład „mój Antonio ma niedomknięty dolny zwieracz przełyku i lekarz powiedział, żebyśmy pod żadnym pozorem nie zmuszali go do jedzenia, bo może zwymiotować i jedzenie dostanie mu się do płuc". To powinno wystarczyć, by uzyskać odpowiedni szacunek.

To samo dotyczy dzieci, które czują szczególne obrzydzenie do konkretnego produktu spożywczego. Wiele lat temu w pewnym hiszpańskim szpitalu miało miejsce bardzo nieszczęśliwe zdarzenie. Kilkuletnie dziecko uczulone na mleko, hospitalizowane z innych powodów, zmarło po podaniu jogurtu. Alergia wpisana była do historii choroby, a dziecko mimo młodego wieku zostało przez rodziców dokładnie pouczone, by odmawiało jedzenia jakichkolwiek produktów mlecznych. Mimo to podano mu jogurt siłą.

Mogę sobie wyobrazić tę scenę. Krzyczące, płaczące, zaciskające usta dziecko, wyjaśniające, że nie jada jogurtów, że nie może jeść jogurtów. I może ktoś, kto mówi: „To dziecko jest po prostu źle wychowane, matka pozwala mu na wszystko, a on to wykorzystuje. Dawaj tu ten jogurt i zobaczysz, czy go zje, czy nie".

Ten przypadek powinien wystarczyć, by nikt, w szpitalu czy w szkole, nie odważył się zmuszać do jedzenia żadnego dziecka. Na nieszczęście, chociaż swego czasu wiele o tym mówiono, wygląda na to, że wszyscy już o tej sytuacji zapomnieli. Oczywiście nie wszystkie dzieci, które odmawiają zjedzenia danego produktu, mają uczulenie albo naprawdę czymś ryzykują, ale na pewno mają swoje powody i zasługują one na szacunek. Jeśli widzisz, że nie uda się w szkole tego szacunku uzyskać po dobroci, znów nie wahaj się powiedzieć, że twoje dziecko ma alergię.

Czy możemy pozwolić, żeby postawiło na swoim?

W życiu często zdarza się, że dwie osoby mają różne poglądy na jakąś kwestię. Nasze dzieci muszą się nauczyć odpowiednio postępować w takich przypadkach. Muszą nauczyć się bronić swoich poglądów za pomocą argumentów, z szacunkiem wysłuchać poglądów i argumentów innych, przyznać rację temu, kto ją ma, i wymagać szacunku, jeśli racja jest po ich stronie. Muszą też nauczyć się ustępować, nie cierpiąc upokorzenia i uzyskiwać satysfakcjonujące porozumienie.

Niestety wielu „ekspertów" od wychowania dzieci (a niewiele tematów cieszy się tak szerokim gremium eksperckim, od specjalistów piszących książki po ekspertów, których spotykamy w windzie) upiera się, że przed dziećmi należy podtrzymywać autorytet, że jeśli raz ustąpisz, to jesteś zgubiona, że zasad ma być niewiele, ale za to nienaruszalnych (w innej wersji ma być ich dużo, ale równie nienaruszalnych), że dać dziecku to, czego dopomina się krzykiem i płaczem, oznacza „nagrodzić je", co sprawi, że będzie krzyczeć i płakać jeszcze więcej...

Dlaczego tylko rodzice dysponują taką absolutną władzą? Oczekujemy, że przedsiębiorcy wysłuchają protestów robotników. Oczekujemy, że prawa nie będą wynikały z woli tyrana, ale z konsensusu demokratycznego. Nawet wobec decyzji sędziów można złożyć odwołanie i apelację. Czy sędziowie boją się stracić autorytet, jeśli składający apelację „postawi na swoim"?

Musimy zastanowić się, jaki rodzaj dzieci chcemy wychować: osoby odpowiedzialne, empatyczne, zdolne do dialogu, pewne siebie i swoich przekonań, czy dorosłych posłusznych i uległych? Zależnie od odpowiedzi na to pytanie, powinniśmy raczej zastanowić się, czy możemy pozwolić sobie na ten luksus, by nie pozwalać naszym dzieciom stawiać na swoim... szczególnie kiedy mają rację.

Dlaczego moje dziecko je mniej niż synek sąsiadki?

I co z tego, że synek sąsiadki je więcej? Czy twój nie jest ładniejszy? I o wiele mądrzejszy? Pozwól sąsiadce pocieszyć się przynajmniej tym jedzeniem...

Jest wiele powodów, dla których niektóre dzieci jedzą mniej lub więcej niż inne. Wpływ ma na to oczywiście wiek, wzrost, tempo wzrostu, aktywność fizyczna, ale również czynniki nierozerwalnie związane z metabolizmem danej osoby. Wszyscy znamy ludzi, którzy „jedzą jak ptaszek", i innych, o których „nie wiemy, gdzie im się to wszystko mieści".

Tak, dzieci wielu sąsiadek jedzą więcej, a dzieci innych mniej niż twoje. Czasem jednak pojawia się nieporozumienie związane z tym, co ty rozumiesz przez „mało", a sąsiadka przez „dużo".

Jedna z naszych koleżanek skarżyła się z goryczą, jak mało zjada jej syn. „Zawsze zostawia ponad pół talerza. A wasz je?" pytała niespokojnie. „Tak, je" odpowiadaliśmy. „Zjada wszystko?". „Tak, zwykle zjada". Wyglądała na taką zmartwioną, przekonana, że jej syn jest jedynym dzieckiem na świecie, które nic nie je, że korciło nas, żeby miłosiernie ją okłamać (w sumie od pewnego czasu na takie pytania odpowiadamy już tylko: „Aj, nie, nic nie je, ale jest zdrowy i szczęśliwy, a to przecież najważniejsze!").

Pewnego lata wynajęliśmy na spółkę duży apartament i wraz z przyjaciółmi pojechaliśmy na wakacje. Przychodzi pora posiłku i nasza przyjaciółka ze zdumieniem przygląda się talerzowi naszego syna. „Tylko tyle mu nakładacie?", „Noo, tak". „Ale czy to mu wystarczy?". „No jasne! Gdybyśmy nałożyli mu więcej, nie mógłby zjeść wszystkiego...". Jej wyraz twarzy zmienił się tak, jak pewnie zmieniła się mina Archimedesa, gdy ten wyskoczył z wanny, krzycząc: Eureka! Pobiegła opróżnić talerz swojego syna (nałożyła mu dwa razy tyle, co my naszemu!). Chłopak oczywiście zjadł wszystko. I nie mieli więcej problemów z jedzeniem.

Dlaczego nie chce jeść tego, co kiedyś mu smakowało?

Rzeczywiście, upodobania dzieci zmieniają się z czasem. Nierzadko dziewczynka fanatycznie zakochana w bananach ni stąd ni zowąd przechodzi nagle całkowicie na stronę jabłek, a Miguelito, który pił mleko jak gąbka, przez półtora roku nie tknie ani kropli, by później znów prosić o mleko... albo i nie.

Do jakiego wieku mam go karmić?

Zwykle na długo przed ukończeniem pierwszego roku życia, a czasem już od pierwszej kaszki, dzieci próbują jeść samodzielnie. Co niekoniecznie oznacza jedzenie samemu, bo prawdopodobnie nie będą chciały, żeby matka sobie poszła, tylko żeby siedziała przy nich, podziwiając i chwaląc ich umiejętności wyjadania groszku paluszkami. Jeśli pozwolimy im ćwiczyć, szybko będą doskonale jadły, palcami albo łyżką, będą też unosić kubek do ust.

Jeśli z powodu pośpiechu albo żeby zjadły więcej, odrzucimy te pierwsze próby uzyskania autonomii, dziecko łatwo może stracić zapał do tematu i w wieku roku z hakiem nie wykazywać już żadnego zainteresowania samodzielnym jedzeniem, skoro tak łatwo jest, kiedy mama wszystko wkłada prosto do buzi.

Nie ma nic złego w przyzwyczajaniu dziecka do tego, że nie je samo, pod warunkiem, że jesteś gotowa karmić je bez protestów jeszcze przez lata. Nie można jednak zabraniać dziecku jeść samo, kiedy o to prosi, a potem obrażać się, że się przyzwyczaiło.

Tak czy inaczej, „karmienie" nigdy nie może być synonimem „zmuszania do jedzenia". Niezależnie, czy dziecko je samo, czy ty je karmisz, talerz zabieramy, jak tylko dziecko powie (albo pokaże za pomocą gestów): „nie chcę już więcej".

Często zdarza się, że dziecko (czasem już duże), które doskonale jadło bez pomocy, pewnego dnia poprosi, by je nakarmić. Może źle się czuje albo jest zazdrosne, albo po prostu sprawia mu to frajdę. To drobny wyraz czułości, który na pewno nie zaszkodzi. Przyjmij to jako wyraz uczucia i nie pozwól, by zazdrośnicy wmówili ci, że cię „robi w konia" albo że się „uwstecznia". Wręcz przeciwnie, jest to zachowanie całkowicie normalne, co wykazał szanowany psychiatra dziecięcy John Bowlby[41].

Zjawisko to występuje nawet u ptaków. Młode zięby, które już wystarczająco umieją odżywiać się samodzielnie, czasem zaczynają prosić o jedzenie w dziecinny sposób, kiedy widzą swoich rodziców.

Ile kalorii potrzebuje moja córka?

Jeśli na którejś stronie tej książki mówiliśmy o kaloriach, to tylko dla przykładu. Dane te musiałem odnaleźć na stronach dzieła, do którego nie zaglądałem nigdy wcześniej, ani jako ojciec, ani jako pediatra. Poznanie zapotrzebowania kalorycznego dzieci i dorosłych może być pożyteczne dla naukowców i badaczy albo w bardzo specyficznych przypadkach, takich jak sytuacja pacjenta w śpiączce, odżywianego za pośrednictwem sondy. Nie ma jednak żadnego znaczenia podczas karmienia zdrowego dziecka.

Po pierwsze, potrzeby dzieci, jak i dorosłych, są niezwykle zróżnicowane. Różnią się zależnie od wieku i wagi dziecka, ale nawet dzieci w tym samym wieku i o tej samej wadze mogą przyjmować bardzo różne ilości pokarmu. Zapotrzebowanie zmienia się również z dnia na dzień. Do czego przyda ci się wiedza, że twoja córka potrzebuje od 84,2 do 120,8 kcal dziennie na kg masy ciała (tak, różnica wynosi niemal 50 procent; to prawdziwe dane dla dziewczynek w wieku od pięćdziesięciu sześciu do osiemdziesięciu trzech dni, karmionych mlekiem modyfikowanym)[2]? Prawdziwe zapotrzebowanie twojej córki może znaleźć się w dowolnym punkcie tego szerokiego zakresu, a nawet trochę niżej lub wyżej. Tymczasem twoja córka dokładnie wie, czego potrzebuje.

Po drugie, potrzeby dzieci „zmieniają się" z czasem – jak wspominaliśmy wcześniej, istnieją nowe, dokładniejsze badania na temat zapotrzebowania kalorycznego dzieci. Dane, które podałem przed chwilą, od 84 do 120 kcal dziennie, są przestarzałe i zastąpiono je nowymi. Jak twierdzi Butte, 4 dziewczynki trzymiesięczne (czyli w wieku dziewięćdziesięciu dni), karmione mlekiem modyfikowanym, potrzebują od 59,7 do 117 kcal dziennie na kg masy ciała. Średnia się obniżyła, a zakres poszerzył, zauważono też, że niektóre dzieci jedzą ponad dwa razy tyle, co inne, mimo tego samego wieku i takiej samej wagi.

Zalecenia jednych i drugich autorów ciężko porównać, ponieważ odnoszą się do dzieci w różnym wieku. Dewey i Brown[42] zadali sobie trud wykonania koniecznych obliczeń, by móc je porównać. Wyłącznie gwoli zaspokojenia ciekawości i interesującego spędzenia chwili czasu, wiedz, że w 1985 r. WHO zalecała dzieciom w wieku od dwunastu do dwudziestu trzech miesięcy (obojga płci) 1170 kcal dziennie, gdy tymczasem Butte w 2000 r. nalicza 894, co stanowi spadek o 24 procent. Dla wieku 9-11 miesięcy liczba zalecanych kalorii spadła o 28 procent. Jedna czwarta diety zniknęła z mapy w ciągu zaledwie piętnastu lat. A mowa tu o liczbach z 1985 r., które w pierwszym wydaniu tej książki nazwano „nowymi", w porównaniu do starych, jeszcze wyższych wartości. Prawdopodobnie niektóre książki, które masz w domu, a które podają dokładne ilości każdego produktu spożywczego, które muszą zjadać wszystkie dzieci w danym wieku, bazują wciąż jeszcze na tych niemal „prehistorycznych" zaleceniach. Po trzecie, nawet gdyby można było (a nie można) dowiedzieć się dokładnie, ilu kalorii potrzebuje twoja córka, nie mogłabyś zorientować się, czy je zjadła, czy nie. Wiesz, ile kalorii zawiera jogurt albo budyń, bo jest to napisane na etykiecie, a poza tym są to produkty przygotowywane na skalę przemysłową, zawsze w ten sam sposób. Ale ile kalorii zawiera talerz makaronu? To zależy od ilości sosu, od tego, czy sos zawiera mniej czy więcej oliwy, czy moczysz w nim chleb, czy dodasz tarty ser...Naukowcy używają bardzo skomplikowanych narzędzi, by mierzyć spożycie kalorii podczas eksperymentów, ale próby liczenia kalorii w domu to dietetyczna fikcja.

Zdrowe zachowanie w zakresie żywienia uwarunkowane jest wskazówkami wewnętrznymi (uczuciem głodu i sytości), a nie zewnętrznymi (naciskami, obietnicami, karami, reklamą...). Zdaniem ekspertów, wiele problemów występujących w wieku dojrzewania i w dorosłym życiu, takich jak obsesyjne przestrzeganie diety czy przymus jedzenia, wynika z przyzwyczajenia się we wczesnym dzieciństwie do jedzenia według klucza zewnętrznego[14]. Daj dziecku prezent na całe życie: pozwól, by nauczyło się jeść zgodnie ze swoim zapotrzebowaniem, a nie według tabeli kalorii.

Powiedziano mi, że moja córka jest „niejadkiem", i że powinnam podawać jej suplement diety o nazwie Pediasure.

Termin „niejadek" wymyślono chyba w laboratoriach firmy Abbott, producenta Pediasure, by przetłumaczyć angielskie określenie *picky eater*, dosłownie „ten, kto je, dziobiąc".

Abbott wydaje ostatnio dużo pieniędzy na próby przekonania lekarzy i rodziców, że istnieje nowa choroba, „dziecko-niejadek", i że oni (czyli Abbott) mają na nią lekarstwo. Mam w ręku ulotkę, którą pod koniec 2009 r. rozdawano rodzicom w aptekach wraz z darmową próbką Pediasure. Zawiera ona kwestionariusz, składający się z sześciu pytań:

1. Czy twoje dziecko jada tylko ograniczoną ilość pokarmów?
2. Czy twoje dziecko odmawia próbowania nowych pokarmów?
3. Czy twoje dziecko odmawia jedzenia warzyw i innych grup pokarmów?
4. Czy twoje dziecko wykazuje duże zainteresowanie lub niechęć wobec różnych pokarmów?
5. Czy zachowanie twojego dziecka podczas posiłków wywołuje problemy?
6. Czy twoje dziecko je zbyt wolno?

Jeśli odpowiedź na dwa pytania lub więcej brzmi „tak", należy zwrócić się do lekarza pediatry, ponieważ dziecko może być niejadkiem, co pociąga za sobą ryzyko zaburzeń równowagi żywieniowej.

Zauważ, że nie pytają o wagę i wzrost dziecka. Nawet otyłe dziecko może być „niejadkiem", wystarczy, że będzie wykazywać duże zainteresowanie szynką i jeść zbyt wolno (nie zdefiniowano też określenia „zbyt wolno". A mnie w dzieciństwie mówili, że to niegrzecznie jeść szybko, i że trzeba dobrze przeżuwać pokarmy).

Dalej w ulotce stwierdzono, że „ponad 45 procent dzieci w wieku przedszkolnym to niejadki". Przy takich pytaniach to dziwne, że w ogóle jest ich poniżej 95 procent!

Następnie wymieniono rzekome zagrożenia dla zdrowia, na które narażone jest dziecko „niejadek", cytuję:

1. Nieoptymalny rozwój fizyczny:

   Opóźnienie wzrostu i rozwoju (4-6)
   Zwiększone ryzyko chorób zakaźnych (3)
   Zwiększona podatność na rozwój zaburzeń odżywczych (sic!) w przyszłości (2)

2. Pogorszenie funkcjonowania i rozwoju umysłowego:

   Zmniejszenie motywacji, ciekawości i spadek aktywności badawczej i w zakresie zabaw (7)
   Zwiększone ryzyko wystąpienia zachowań agresywnych i nadpobudliwości (8)

Tak, są to zaburzenia „odżywcze" (czyli pożywne), a nie zaburzenia „odżywiania" (związane z żywieniem). Widać, jak pieczołowicie przygotowano te informacje. Cyfry w nawiasach odsyłają do artykułów naukowych, zacytowanych na końcu ulotki. Przepełniony ciekawością (naprawdę jakiś naukowiec powiedział coś tak głupiego?), sprawdziłem je po kolei:

2. Zwiększona podatność na rozwój zaburzeń odżywczych (sic!) w przyszłości: Leung A. K., Robson W. L. *The toddler who does not eat*; American Family Physician; 1994; 49:1789-1792, 1799-1800; www.pubmed.gov/8203317.

Daleki od straszenia przyszłymi „zaburzeniami odżywczymi", autor artykułu mówi, cytuję:

„Większość dzieci w wieku od dwóch do pięciu lat, przyprowadzanych przez rodziców, ponieważ nie chcą jeść, jest zdrowa i ma apetyt odpowiedni do wieku i tempa wzrostu. Mało realistyczne oczekiwania rodziców mogą wywołać niepotrzebny niepokój [...]

należy uspokajać rodziców i udzielać im informacji na temat normalnego wzrostu i rozwoju dzieci w tym wieku".

3. Zwiększone ryzyko chorób zakaźnych: Alarcón P. A., Lin L. H., Noche M. Jr. et ál. *Effect of oral supplementation on catch-up growth in picky eaters*; Clinical Pediatrics; 2003; 42:209-217; www.pubmed.gov/12739919.

Jest to artykuł przygotowany przez same laboratoria Abbott i nie mówi o dzieciach „niejadkach" ogólnie, ale o dzieciach „niejadkach" o niskiej wadze. Ciekawe, czy waga nie ma tu żadnego znaczenia...

4-6. Opóźnienie wzrostu i rozwoju:

4. Olsen E. M. *Failure to thrive: still a problem of definition*; Clinical Pediatrics; 2006; 45:1-6; www.pubmed.gov/16429209.

5. Krugman S. D., Dubowitz H. *Failure to thrive*; American Family Physician; 2003; 68:879-884; www.aafp.org/afp/2003/ 0901/ p879.pdf.

6. Chatoor I., Surles J., Ganiban J. et ál. *Failure to thrive and cognitive development in toddlers with infantile anorexia*; Pediatrics; 2004; 113: e440-447; http://pediatrics.aappublications.org/ cgi/reprint/113/5/e440.

Zgodnie z propagandą firmy Abbott, te trzy artykuły powinny wykazać, że dzieci „niejadki" będą cierpieć na opóźnienie wzrostu i rozwoju. W rzeczywistości dwa pierwsze mówią o dzieciach cierpiących na opóźnienie wzrostu, czyli mających poważny problem niskiej wagi.

W artykule autorstwa Chatoor owszem, występują „niejadki", ale okazuje się, że ich waga jest powyżej średniej dla danego wieku (czyli jednak jedzą!). Dzieci te mają trochę niższe IQ niż maluchy, które jedzą „normalnie", ale autorzy dochodzą do wniosku, że różnicy nie powoduje stan ich odżywienia, ale relacja dziecka z matką, poziom wykształcenia matki i sytuacja społeczno-ekonomiczna.

7. Zmniejszenie motywacji, ciekawości i spadek aktywności badawczej i w zakresie zabaw: UNICEF. *The state of the world's children*; 1998; www.unicef.org/sowc98.

W rzeczy samej, UNICEF stwierdza w tym sprawozdaniu, że „u małych dzieci niedożywienie zmniejsza motywację i ciekawość, a także powoduje spadek aktywności zabawowej i badawczej". Niedożywienie, proszę państwa, poważny problem, który co roku zabija tysiące dzieci w krajach rozwijających się. Zjawisko, które nie ma nic wspólnego z tym, czy dobrze odżywione dzieci dojedzą warzywka czy nie. Mieszanie tych dwóch spraw to zniewaga.

8. Zwiększone ryzyko wystąpienia zachowań agresywnych i nadpobudliwości: Pinhas-Hamiel O., Newfield R. S., Koren I. et ál. *Greater prevalence of iron deficiency in overweight and obese children and adolescents*; International Journal of Obesity; 2003; 27:416-418; www.pubmed.gov/12629572.

Niewiarygodne, lecz prawdziwe. Jako dowód na to, że „niejadki" mogą wykazywać „zachowania agresywne i nadpobudliwe", Abbott przytacza artykuł, który w rzeczywistości mówi o zwiększonym zagrożeniu anemią i niedoborem żelaza u dzieci otyłych. Nie wiem, czy to błąd, czy kpina.

Podsumowując, publikacja na temat Pediasure straszy rodziców wymyślonymi zagrożeniami, opartymi o fałszywe dowody. Kłamstwa i jeszcze więcej kłamstw.

A jeśli rodzice uwierzą w to i kupią ten nieszczęsny produkt, będą podawać dzieciom hiperkaloryczny i hiperproteinowy koktajl. Zaleca się jedną lub dwie szklanki dziennie w wieku od roku do lat czterech, a dwie-trzy szklanki od piątego do dziesiątego roku życia. Każda z tych szklanek zawiera 225 kalorii, 6,8 g białka, 11,2 g tłuszczu, 15,6 g cukrów... Nie jest to produkt, który „zaostrza apetyt", żeby dziecko jadło więcej, a wręcz przeciwnie – jest to produkt, który ma dostarczyć dziecku wszystkich niezbędnych wartości odżywczych, zastępując jedzenie.

Jeśli dziecko jadło „mało", to po wypiciu tego koktajlu będzie jeść jeszcze mniej (albo stanie się otyłe!). Jeśli miało mało urozmaiconą dietę, teraz będzie ona „niezwykle zróżnicowana" – są dwa smaki, waniliowy i czekoladowy. Jeśli problem polegał na tym, że dziecko czuło niechęć do pokarmów stałych, koniec zmartwień, Pediasure jest do picia! Jeśli skarżyłaś się, że twoje dziecko nie odżywia się normalnie, świetnie, teraz żywi się produktami farmaceutycznymi. Ogólnie rzecz biorąc, konflikty związane z jedzeniem i obawy rodziców prawdopodobnie się nasilą.

Byłby to produkt przydatny niektórym dzieciom, które naprawdę straciły na wadze z powodu jakiejś choroby. Tyle że jest tak mało dzieci w tej sytuacji, a tak wiele „niejadków"… Biznes nie polega na tym, by sprzedawać produkty chorym, których jest niewielu, ale by sprzedawać je zdrowym.

Łatwo mówić, ale chciałabym zobaczyć, co by zrobił ten doktor González, gdyby jego dzieci nie chciały jeść, tak jak moje.

Masz pecha, droga pani. Nie zdążysz tego zobaczyć, bo już dorosły. Tak, dorosły, mimo że nie jadły. A jak myślisz, skąd wiem, że dziecko może wstać rano i nie zjeść śniadania albo iść spać bez kolacji, albo cały dzień przeżyć na jogurcie i dwóch biszkoptach? Skąd twoim zdaniem wiem, że niektóre dzieci przestają jeść po skończeniu roku, a inne nie jedzą żadnych produktów stałych do ukończenia dziesięciu miesięcy? Jak się dowiedziałem, że przed ponad rok mogą nie pić mleka albo nie zjeść ani jednego banana? Jak myślisz, dlaczego upieram się, że to wszystko jest zupełnie normalne?

Ano z tego samego powodu, dla którego wiem, że jeśli będziesz je szanować i nie będziesz ich zmuszać, będą jeść tyle, ile potrzebują, i dorosną zdrowe i szczęśliwe.

Nie, nie wiem tego ze słyszenia. Byłem przy tym i widziałem to wszystko.

DODATEK

TROCHĘ HISTORII

„Moje dziecko nie chce jeść” to skarga tak częsta i dręcząca, że można by sądzić, iż strach ten obecny jest wśród przedstawicieli gatunku ludzkiego od niepamiętnych czasów, niczym strach przed ciemnością i wilkami. Przed laty ja również sądziłem, że obawa matek o to, że dziecko nie będzie jeść, wynika z długich tysiącleci, w których utrata apetytu była pierwszym objawem gruźlicy albo innej, nieuleczalnej w owych czasach choroby, zapowiadającej śmierć.

Lektura kilka starych książek obudziła we mnie jednak pewne wątpliwości. Czy to możliwe, by dzieci, które „nie chcą jeść” były stosunkowo nowym wynalazkiem?

Wygląda na to, że w czasach doktora Ulecia y Cardona, który w 1906 r. opublikował swą *Arte de criar a los niños* (Sztukę wychowania dzieci)[43], matki nie skarżyły się pediatrze, że ich dzieci nie chcą jeść. Wręcz przeciwnie, były dumne z ich apetytu... ku rozpaczy lekarza: „Ileż to razy nie słyszałem rodziców zadziwionych apetytem dziecka, mówiących z satysfakcją *Gdyby pan tylko zobaczył, co on zjada...! Je wszystko...!* A ileż to razy, po pewnym czasie, nie słyszałem ich lamentów nad stratą dziecka i słów: *Biedactwo! Już wszystko jadł, kiedy umarł!* I nie rozumieją, nieszczęśni, że właśnie to było przyczyną, która bardziej niż cokolwiek innego przyczyniła się do katastrofy".

Obawą najszerzej rozpowszechnioną wśród ówczesnych ekspertów od żywienia dzieci (doktor Ulecia studiował w Paryżu razem z doktorem Budinem, jednym z największych pediatrów tamtych czasów) było właśnie przekarmianie, „prawdziwa i niewybaczalna zbrodnia".

Pokarmy stałe wprowadzano bardzo ostrożnie. Do wieku dwunastu miesięcy, a najwcześniej dziesięciu, doktor Ulecia zaleca nie podawać absolutnie nic oprócz piersi. Potem wprowadza się czystą zupę z wody z mąką, a następnie pierś. Kompletna dieta dla rocznego dziecka była następująca:

> Od 8 do 9 rano karmienie piersią.
> O 12: zupa przygotowana na dowolnym rodzaju mąki [...] która *w żadnym wypadku nie może zostać ugotowana na rosole, nawet bardzo rozwodnionym,* ponieważ w pierwszych miesiącach dzieciom nie należy podawać tłuszczu.
> Zupy te muszą być *na początku bardzo wodniste*, a potem coraz gęstsze [...] nie jestem zwolennikiem zup przygotowywanych na mleku; wolę, by szykowano je na wodzie, a następnie, *w ramach deseru*, podawano dziecku pierś [...].
> O 4 po południu: karmienie piersią.
> O 7 wieczorem: 130 g mleka.
> O 11: karmienie piersią.
> Po północy: jak w poprzednim miesiącu, tylko jedno karmienie piersią.

Dzieciom w wieku trzynastu-czternastu miesięcy doktor Ulecia zaleca dodać do zupy żółtko jajka, a po południu dać jeszcze jedną zupę, ale bez jajka. W wieku piętnastu miesięcy żółtko należy dodawać do każdej zupy. W wieku szesnastu lub dziewiętnastu miesięcy podawać rosół, warzywa strączkowe i biszkopty (raz dziennie). W wieku dwudziestu lub dwudziestu jeden miesięcy eliminuje się karmienie piersią, w tym karmienie nocne, a biszkopty dozwolone są trzy razy dziennie. W wieku dwudziestu dwóch lub dwudziestu czterech miesięcy wprowadza się czekoladę, rybę lub móżdżek.

W wieku trzech lat podajemy całe jajko i krokiety drobiowe (tylko ze środka!). Dookreśla się porcję ryby jako „wielkości monety lub trochę więcej" (srebrne monety z czasów Alfonsa XIII miały średnicę równą 37 mm). Jeśli chodzi o mleko, to trzy razy dziennie po 100 g (mniej niż pół szklanki!).

Owoce wprowadzano w wieku trzech i pół roku: dziecko „mogłoby spożyć kilka kulek winogron". Tymczasem mleko maluch ma pić tylko dwa razy dziennie (130-150 g).

Warzywa, „odrobinkę", wprowadza się po ukończeniu przez dziecko czterech lat, tak samo jak cielęcinę. Owoce „w umiarkowanych ilościach, z wyjątkiem melona, arbuza, brzoskwini" i nigdy na podwieczorek ani na kolację.

Teraz rozumiesz, dlaczego dzieci tak zajadały? Ty, szanowna czytelniczko, która martwisz się tak bardzo, bo twoje dziecko nic nie je, zebrałabyś niezły ochrzan, gdybyś opisała doktorowi Ulecii wszystko, co pochłania twój aniołeczek. Owoce, warzywa, mięso i ryby przed ukończeniem roku, całe kubki mleka… wykończysz go (a do tego musiałabyś zapłacić 10 peset za wizytę, całkiem spory majątek)! Pamiętaj o tym następnym razem, kiedy twoje dziecko nie będzie chciało jeść owoców: jego pradziadek nie tykał owoców, póki nie skończył trzech lat!

Problem „dziecka, które nie chce jeść" pojawia się w wyniku braku równowagi pomiędzy tym, co dziecko zjada, a tym, jakie oczekiwania w tej kwestii ma jego matka. Prawdopodobnie dzieci zawsze jadły mniej więcej tyle samo. Za to oczekiwania matek (przynajmniej tych, które odwiedzały pediatrów lub czytały książki) w ciągu ostatniego wieku radykalnie się zmieniły. Dzisiaj, jeśli nasza córka zje trzy kęsy jabłka, wpadamy w rozpacz, bo powiedziano nam, że powinna zjeść pół jabłka, pół gruszki, pół banana i pół pomarańczy, a do tego biszkopty. Nasza babcia też dawała dziecku trzy kęsy jabłka, za to nasza prababcia bardzo się pilnowała, żeby nie zdradzić tego pediatrze...

Wiele razy mówiono nam, że koniecznie trzeba przyzwyczaić dziecko od małego do jedzenia różnorodnych produktów, bo jeśli tego nie zrobimy, nie będą chciały ich jeść i staną się zbyt wybredne. To nieprawda. Nasi pradziadkowie nie dostawali „normalnego jedzenia" do wieku pięciu lat, a mimo to doskonale przystosowywali się do dorosłej diety. I to do tej słynnej diety śródziemnomorskiej, bez konserwantów i substancji koloryzujących. A może było odwrotnie, i sto lat temu owoce i warzywa były długo wyczekiwanym smakołykiem, a teraz udało nam się przekształcić ich jedzenie w straszliwe tortury?

Dwadzieścia lat później, w 1927 r., doktor Puig y Roig w swoim dziele *Puericultura* (Wychowanie dzieci)[44] nawet nie wspomina o istnieniu dzieci pozbawionych apetytu, które nie chcą jeść. Pierwsze danie (zupę z chleba i czosnku) zaleca podawać w wieku sześciu lub ośmiu miesięcy. Dieta dziecka rocznego wyglądałaby następująco:

O 6 rano – pierś
O 9 rano – pierś
O 12 w południe – słona zupa
O 4 po południu – pierś
O 7 wieczorem – słodka zupa
O 11 wieczorem – pierś

Słona zupa zawiera tylko chleb, sól i czosnek. Słodka zupa składa się z mąki owsianej lub ryżowej i może zawierać mleko. Niestety dzieło doktora Puiga skupia się na pierwszym roku i podaje tylko ogólne zarysy wskazówek co do wprowadzania pozostałych pokarmów.

Wszelkie szczegóły znajdziemy natomiast w pracy jego kolegi i współobywatela, doktora Godaya, który ledwie rok później (1928) opublikował dzieło *Alimentació del nen durant la primera infància*[45] (Żywienie dziecka we wczesnym dzieciństwie), jedyne spośród cytowanych tu, które skierowane zostało nie do matek, a do lekarzy. Brak apetytu ani problem dzieci, „które nie chcą jeść", nie zostały tu w ogóle wspomniane. Pierwszą czystą zupę, przygotowaną z mąki i wody, autor zaleca również w wieku ośmiu miesięcy, a dla roczniaków (w wieku od dziesięciu do piętnastu miesięcy) proponuje następującą dietę:

> Dwie zupki mączne (z mąki i wody) i cztery karmienia piersią (lub cztery szklanki mleka z cukrem). Po ukończeniu przez dziecko roku można spróbować dodać do jednej z zup żółtko jaja. Zamiast wymienionych zup można podawać też zupy na mleku (mąka i mleko).
>
> W wieku od piętnastu do osiemnastu miesięcy wprowadzamy purée ziemniaczane, chleb, jaja, makarony. W wieku od osiemnastu do dwudziestu czterech miesięcy mięso i ryby.
>
> Przeciery warzywne, na przykład ze szpinaku, można podawać w małych ilościach. Są bardzo mało pożywne...
>
> Owoce można podawać od wieku osiemnastu miesięcy, ale wyłącznie gotowane, w formie kompotów lub konfitur. Dopiero w trzecim roku życia dozwolone jest podawanie surowych owoców w bardzo małych ilościach.

Zalecenia doktora Godaya wciąż bardzo różnią się od aktualnych wytycznych, chociaż prawdopodobnie doktora Ulecię przyprawiłyby o dreszcze („warzywa przed ukończeniem dwóch lat! Całe szczęście, że chociaż niedużo...", myślał pewnie szacowny staruszek).

Niezbyt odmienne są też zalecenia doktora Roig i Raventósa z 1932 r., znajdujące się w czwartym wydaniu jego pracy *Nocions de puericultura*[46] (Założenia wychowania dzieci). Pierwszy posiłek (zupę z chleba i czosnku, a następnie pierś) wprowadzamy w wieku ośmiu, a jeszcze lepiej dziesięciu miesięcy. Odżywianie w wieku roku niemal się nie zmieniło:

O siódmej rano: pierś
O dziesiątej: butelka
O pierwszej po południu: słona zupa i pierś
O czwartej: pierś
O siódmej: słodka zupa i pierś
O dziesiątej wieczorem: pierś

Słona zupa zawiera wodę, chleb i czosnek.

Od wieku osiemnastu miesięcy zaleca się chleb z masłem, żółtko jaja, sok pomidorowy, winogronowy i pomarańczowy, makaron i warzywa strączkowe. Rybę wprowadzamy w wieku dwóch i pół roku, a kurczaka w wieku trzech.

Dla doktora Roiga największym zagrożeniem wciąż jest przekarmianie: „Większość chorób wieku dziecięcego wynika z podawania dzieciom zbyt dużych ilości pokarmów".

Chociaż jak na współczesne założenia wciąż bardzo niewielkie, posiłki zalecane przez ekspertów w latach dwudziestych i trzydziestych były podawane nieco wcześniej i były trochę bardziej obfite niż na początku XX wieku. Dlaczego? I jak wpłynęło to na apetyt dzieci? Doktor Roig w 1932 r. nie wspomina o braku apetytu u dzieci, ale konflikt prawdopodobnie jest już w zarodku. Wcześniej czy później, jeśli zalecenia wciąż będą się zwiększać, pewna liczba dzieci nie będzie w stanie wszystkiego zjeść.

W 1936 r., w piątym wydaniu swojej pracy[47], doktor Roig wprowadził pewne zmiany. Pierwsze posiłki są wprowadzane coraz wcześniej, powoli, ale nieubłaganie. Zdanie:

Pod koniec drugiego semestru dziecko powinno poznać słony smak. (1932)

zastąpiono zdaniem:

W drugim semestrze dziecko powinno poznać słony smak. (1936)

Żeby zapobiegać rozwojowi szkorbutu, od wieku czterech miesięcy wprowadza się też sok z surowych owoców: „Szkorbut występuje u dzieci chowanych na mleku sterylizowanym, umatczynianym, które w procesie upodabniania do mleka ludzkiego nauki chemiczne *sprofanowały* do tego stopnia, że zniszczono te niewielkie ilości witamin, które zawierało".

Wraz ze wzrostem objętości porcji niewątpliwie zwiększa się też liczba dzieci, które nie dają rady wszystkiego zjeść. W 1936 r. konflikt wychodzi na światło dzienne. Problem zostaje ujawniony, kiedy doktor Roig na końcu książki zamieszcza trzy rozdziały poświęcone wycieńczeniu, krzywicy i brakowi apetytu. Ten ostatni problem zasługuje na dwie strony: „Brak apetytu u dzieci stanowi jedną z najczęstszych przyczyn zmartwień w rodzinie".

I tak oto gotowa jest już cała scena: dzieci, które nie chcą jeść, i matki, które się zamartwiają. W tamtych pierwotnych czasach istniała jednak jeszcze jedna grupa matek (dzisiaj, jak się wydaje, całkowicie wymarła), którą doktor Roig uznawał za równie dziwną, co niebezpieczną: matki, które się nie martwiły. Te, które jeszcze broniły prawa dziecka do niejedzenia, odrzucając zalecenia eksperta:

Scena, która niestety powtarza się w gabinecie pediatry (lekarza zajmującego się dziećmi) jest następująca: po ustaleniu diety odpowiedniej do przypadku klinicznego i odczytaniu go rodzinie, a czasem długo przed końcem lektury, matka na oczach dziecka przerywa lekarzowi i mówi: „Ależ on nie da rady zjeść tego wszystkiego, co pan zaleca!". W tym momencie dziecko już wie, że obrończynią jego uporu w odmawianiu pożywienia jest jego własna matka, pozostająca w niewiedzy i niegodna opiekować się swoim dzieckiem [...]. W oczach dziecka nigdy nie wolno podważać autorytetu przełożonego, a tym bardziej lekarza.

Całe szczęście, że współcześni pediatrzy na uznają się za „przełożonych" matki, nie uważają też, by matka, która nie ogranicza się do milczącego posłuszeństwa wobec lekarza, była „niegodna opiekować się swoim dzieckiem".

Czasem znów matka wydaje się winna nadmiaru czułości:

„Niestety często również zdarza się, że brak apetytu, jak i wymioty o podłożu nerwowym u dzieci szkolnych, pojawiają się u dzieci otoczonych *nadmiernie skoncentrowanymi i okazywanymi w nieodpowiednich ilościach wyrazami czułości* [...]. Wymioty to ostatnia tura bitwy, która codziennie rozgrywa się przy stołach, przy których zasiadają niejadki na podłożu nerwowym".

Matka może wreszcie po prostu się mylić:

„Istnieje również *wymyślony brak apetytu*. Dzieci ładnie jedzą, ale matki, bez jakichkolwiek naukowych podstaw, wyobrażają sobie, że ich dziecko nie zjada wystarczająco dużo, i codziennie odbywa się niepotrzebna walka."

Nie ma jednak ani jednego przypadku – jeszcze tego by brakowało! – dziecka, które nie chce jeść, bo nie potrzebuje tyle jedzenia, ponieważ pediatra zalecił mu nadmiernie obfitą dietę. Eksperci ds. żywienia nie tylko nie chcą zrewidować swoich teorii w świetle znikomych sukcesów osiąganych podczas ich wprowadzania w życie, ale decydują się płynąć dalej pod pełnymi żaglami. Wydanie siódme[48] (1947) dzieła doktora Roiga, tym razem w języku hiszpańskim, zawiera radykalne zmiany:

Pierwsze danie (zupę czosnkową) przesuwa się z ośmiu czy dziesięciu miesięcy na koniec szóstego miesiąca życia dziecka. Menu dla rocznego dziecka jest takie samo, jak to z 1932 r., podane powyżej, chociaż zmieniono pory podawania posiłków, nie wyjaśniając przyczyn (teraz są to godziny 6, 9, 12, 4, 9 i 12). Przy czym „słona zupa" z 1932 r. zawierała tylko chleb i czosnek, gdy tymczasem w 1947 r. zawiera ser, kurczaka lub rybę: „Od wieku siedmiu lub ośmiu miesięcy niektóre dzieci tolerują dodanie do zupy połowy żółtka jaja na twardo albo łyżeczki tartego sera krowiego, ew. łyżeczki masła, które należy gotować przez dwie minuty, albo też łyżeczki purée z wątróbki (gotowanej i przetartej przez sitko). Codziennie inny produkt".

Pierwszą „edukacyjną" butelkę również podaje się już nie w wieku dziesięciu, a sześciu miesięcy. Przerażającymi nieszczęściami straszy się dzieci, które nie jedzą w określonym wieku konkretnych potraw. A co najdziwniejsze, wiek ten przesuwa się o sześć miesięcy i dziecko, które jeszcze wczoraj miało się świetnie, dzisiaj narażone jest na to, że zamieni się w śmietanę! A autor nie podaje żadnych wyjaśnień co do motywów, które doprowadziły go do zmiany kryterium:

„Konieczne jest, by w miarę zbliżania się końca pierwszego roku, dziecko jadło coś więcej oprócz mleka matki, ponieważ mleko to zawiera bardzo niewiele żelaza, i jeśli dziecko odżywia się tylko wydzieliną mleczną, staje się blade i słabe. To tzw. *twarogowe dzieci*". (1936)

„Konieczne jest, by w miarę zbliżania się końca pierwszego semestru, dziecko jadło coś więcej oprócz mleka matki, ponieważ mleko to zawiera bardzo niewiele żelaza, i jeśli dziecko odżywia się tylko wydzieliną mleczną, staje się blade i słabe. To tzw. *śmietankowe dzieci*". (1947)

Dla doktora Ramosa, który opublikował w 1941 r. swoje dzieło *Puericultura*[49] (Wychowanie dzieci) (drugie wydanie w 1949 r.), „dziecko, które nie chce jeść" nie wydawało się stanowić istotnego problemu. Wiele rozdziałów poświęcono w książce wychowaniu i dyscyplinie niemowląt i małych dzieci, ale ich żywienie zasłużyło na ledwie kilka słów: „Kiedy dziecko, które zwykle ładnie je, odmawia pożywienia, matka nie powinna nalegać i zmuszać go do połykania, ale wręcz przeciwnie, poddać dziecko kilkugodzinnej diecie składającej się z wody mineralnej, herbatek lub soków owocowych, co wystarczy, by pokonać niechęć".

Uznanie, że niektóre dzieci nie potrzebują tak dużo pożywienia, nie sprawia jednak, że obniża on ogólne wymagania. Sok owocowy w wieku trzech miesięcy, kaszki w wieku czterech, purée warzywne w wieku pięciu, przecier owocowy w wieku pięciu i pół, biszkopty w wieku sześciu, żółtko jaja w wieku siedmiu, wątróbka w wieku ośmiu miesięcy… W wieku dziesięciu miesięcy dieta jest zdecydowanie treściwa, z interesującymi zmianami pomiędzy rokiem 1941 a 1949.

Dieta z 1941 r. dla dzieci w wieku 9-12 miesięcy jest następująca:

6 rano. Pierwsze karmienie piersią.
9 rano. Przecier owocowy z biszkoptami.
12 w południe. Przecier mieszany z wątróbką. Drugie karmienie piersią.
4 po południu. Kleik z żółtkiem jaja [w wieku roku żółtko jaja]. Trzecie karmienie piersią.
8 wieczorem. Zupa z kaszą, tapioką lub płatkami owsianymi. Sok owocowy lub pierś.
11 wieczorem. Kleik. Czwarte lub piąte karmienie piersią.
Dwa biszkopty dziennie lub kawałeczek chleba.

Tymczasem w 1947 r. dzieciom w wieku 10-12 miesięcy zaleca się następującą dietę:

7 rano. Pierwsze karmienie piersią.
10 rano. 150 g kleiku z czubatą łyżeczką mąki. *Trzy łyżeczki żółtka jaja, trzy dni w tygodniu, zwiększając tę ilość stopniowo w kolejnych miesiącach, by w wieku roku podawać całe żółtko trzy razy w tygodniu.* Drugie karmienie piersią.
2 po południu. Trzy łyżki przecieru warzywnego, zmieszane z *jedną łyżką* (10 miesięcy) lub *dwiema łyżkami* (11 miesię-

cy) *ziemniaków* (purée mieszane). Trzy łyżeczki wątróbki przez trzy dni, w których dziecko nie je żółtka. Trochę wody gotowanej lub mineralnej. Mus owocowy.
6 po południu. 150 g kleiku z czubatą łyżeczką mąki. *Trzecie karmienie (eliminowane w wieku roku).*
10 wieczorem. 5-8 łyżek zupy (od 75 do 120 cm^3). Czwarte karmienie piersią.

Istotne zmiany, jak na zaledwie osiem lat i tego samego autora. Z jednej strony zmniejsza się ilość posiłków, z sześciu do pięciu dziennie. Z drugiej strony zwiększa się nacisk na kontrolę pediatry, podane są ilości w gramach, centymetrach sześciennych, dni, w które należy podawać żółtko lub wątróbkę (nie żeby wcześniej pozostawiano te kwestie dowolności – to jest tylko ramka podsumowująca, a wcześniej w książce wiele stron poświęcono na wyjaśnienie tych szczegółów. Zmienia się punkt nacisku – w 1949 r. dr Ramos uważa, że szczegóły te są na tyle ważne, by powtórzyć je w podsumowaniu).

Zjedzą to wszystko? Istnieją powody, by w to wątpić.

Dla doktora Blancaforta, który w 1979 r. opublikował pracę *Puericultura actual*[50] (Współczesne wychowanie dzieci) (wydaje się, że pierwsze wydanie pochodzi z 1968 r., nie jest jasne, czy pojawiły się zmiany), brak apetytu to istotny temat, „częsta przyczyna problemów w relacjach matki z dzieckiem" i zajmuje pierwszy akapit rozdziału pt. „Najczęstsze zaburzenia układu trawiennego u dzieci". Zagadnieniu poświęcono sześć stron, obejmujących opisy podobne do tych, które mógłby stworzyć dowolny współczesny pediatra: „*Brak apetytu*, inaczej *jadłowstręt* [...] stanowi jedną z najczęstszych przyczyn wizyt u lekarza zaniepokojonej matki, która dochodzi niemalże do przekonania, że jeśli sytuacja potrwa dłużej, jej dziecko umrze z głodu [...] należy uznać za przejściową fazę, niemalże normalną u wszystkich dzieci [...]. Z reguły problem braku apetytu pojawia się w całej swej rozciągłości dopiero po ukończeniu przez dziecko pierwszego roku życia".

Postępowanie zalecane przez doktora Blancaforta jest zresztą bardzo podobne do przedstawionego na kartach tej książki: nie zmuszać dziecka, nie zabawiać ani nie straszyć, nie podawać leków, zaakceptować fakt, że nie potrzebuje aż tyle pokarmu... Niemniej jednak to pełne zrozumienia podejście nie przeszkadza mu podążyć za modą przyspieszonego rozszerzania diety, które zaleca rozpocząć w wieku trzech miesięcy i to nieszczególnie powoli: od razu na wstępie dwa kleiki dziennie zawierające mąkę i mleko oraz jeden przecier owocowy. W wieku czterech miesięcy warzywa. Żółtko i wątróbka w wieku sześciu (ale czasami również w wieku czterech...).

Oczywiście w diecie dla dzieci 10- i 12-miesięcznych nie wymienia się już żadnego karmienia piersią. A co jeszcze dziwniejsze, również żadnej butelki. Lata siedemdziesiąte były czasem triumfu pokarmów stałych:

> Śniadanie: słodki kleik, który można uzupełnić kilkoma biszkoptami lub herbatnikami.
> Obiad: zupa lub purée warzywne albo ziemniaczane, z dodatkiem odpowiedniej porcji mięsa, wątróbki, móżdżku itd. Na deser owoce lub trochę sera.
> Podwieczorek: cały przecier owocowy albo jogurt owocowy lub biszkopty.
> Kolacja: słodki kleik z żółtkiem jaja albo zupa z żółtkiem jaja lub słodką szynką, rybą lub sosem beszamelowym.

W wieku roku wprowadza się suche warzywa strączkowe, bakalie, sosy, sos salsa, słodycze i ciastka oraz kakao. Nic dziwnego, że doktor Blancafort musiał aż sześć stron poświęcić zagadnieniu braku apetytu!

Nie próbujemy tu dokonać wyczerpującej analizy historycznej, nie przeszukaliśmy też systematycznie wszystkich książek i źródeł informacji dotyczących tego tematu. Mam jednak wrażenie, że „niejadki” jako zmartwienie matek i powód wizyt u pediatry pojawiły się w latach trzydziestych i zaczęły się stopniowo rozpowszechniać, w ślad za zmianami zaleceń w zakresie żywienia dzieci.

A żywienie dzieci w ciągu ostatniego wieku zmieniało się niemal tak bardzo, jak długość spódnic i szerokość krawatów. Każde pokolenie pediatrów zalecało dietę całkowicie różną od swoich poprzedników (czyli różną od tej, której uczyli ich profesorowie na uczelni, a jeszcze bardziej różną od tej, której sami przestrzegali jako dzieci). Każdy pediatra zmieniał tę dietę wraz z upływem swego życia zawodowego. Każde pokolenie pediatrów natknęło się na trudności w „nauczeniu” matek nowych odkryć naukowych, walcząc z poradami babć, które przestrzegały wciąż zaleceń pediatrów sprzed lat trzydziestu. Biedna matka czy babcia, która nie robi nic innego, jak tylko stosuje się do zaleceń innego pediatry czy innego podręcznika, jest wytykana jako ignorantka w dziedzinie żywienia dzieci. Żaden autor nie zadaje sobie trudu, by skomentować dawne diety, by wyjaśnić przyczyny różnic i postępów naukowych. Nie, każdy autor zaleca dopiero co wymyślone diety, jakby głosił dziesięcioro przykazań, i wymaga natychmiastowego posłuszeństwa. Współcześni pediatrzy, którzy zwykle pierwsze kleiki zalecają wprowadzać w wieku sześciu miesięcy, natykają się na matki, a przede wszystkim babki, przyzwyczajone do wyjątkowo wczesnego wprowadzania pokarmów stałych w latach siedemdziesiątych („Jak to wyłącznie na piersi? Powinien dostawać już trzy kleiki!”). Siedemdziesiąt lat temu natomiast problem był wręcz odwrotny i doktor José Muñoz, autor pracy *¡¡Madre... cría a tu hijo!!*[51] *(Matko... wychowuj swoje dziecko!)* (1941), krytykuje wpływ babć w poniższym wyimaginowanym dialogu:

„Ale jak to, już mu będziesz wprowadzać kleiki?”

„Lekarz mi tak zalecił, a ja, oddając się pod jego rozkazy, wiernie spełniam to, co mi nakazano.”

„Nie wiem, co też on ci opowiada" – odpowiada babcia – „w moich czasach bardziej kochaliśmy dzieci; piątkę miałam i nie godziłam się podać im nic oprócz własnej piersi, aż pokończyły dwadzieścia sześć miesięcy. To wszystko moda. Jak te czasy się zmieniają...! Wy teraz wszystko chcecie robić szybko, szybciej... żeby szybciej chodził... szybciej mówił... szybciej jadł..."

„Wiernie spełniam to, co mi nakazano".

Posłuszeństwo w roli najwyższej cnoty. W tym dialogu matka brzmi jak robot, sztywna jak drąg, ze swoimi szablonowymi odpowiedziami, gdy tymczasem babka żyje i myśli, i ma własne poglądy wynikające z doświadczenia. Nawet gdyby ich stanowiska były wprost odwrotne i babcia z entuzjazmem zalecałaby wprowadzanie pierwszych pokarmów w wieku dwóch miesięcy, nie mógłbym powstrzymać się, by czuć większą sympatię właśnie do niej. Tymczasem doktor Muñoz uważał (i być może miał rację), że za pomocą tego dialogu chwalił matkę, a wyśmiewał babkę i w ten sposób nakłaniał matki do zignorowania babcinych rad i słuchania w większym stopniu jego. Naprawdę, jak te czasy się zmieniają!

Absurdem byłoby jednak, gdybyśmy uznali, że zmiany w żywieniu dzieci wynikały wyłącznie z mody. Mówimy tu o prawdziwych ekspertach z dziedziny odżywiania, którzy byli na bieżąco z najnowszymi odkryciami naukowymi. Może się mylili (a w sumie trudno uznać, że wszyscy mieli rację, skoro wyrażali tak sprzeczne opinie), ale niewątpliwie mieli powód, by wprowadzać tak radykalne zmiany.

Sądzę, że powodem tym było sztuczne karmienie niemowląt. W 1906 r. praktycznie wszystkie dzieci karmione były piersią przez matkę lub mamkę (doktor Ulecia za 15 peset oferował badania lekarskie dla mamek). Niektóre dzieci karmione już były butelką, krowim mlekiem z cukrem, łatwo sobie wyobrazić, z jak katastrofalnym skutkiem. Małe dzieci mają ograniczone możliwości trawienia i przetwarzania nadmiaru białek i soli mineralnych, znajdujących się w mleku krowim, więc niezwykle istotne było surowe ograniczanie dawek. Stąd ogromne obawy o przekarmianie i sztywne godziny karmień.

Na nieszczęście eksperci uznali, że sztywny harmonogram, który być może konieczny był w przypadku karmienia mlekiem krowim, jest odpowiedni również dla dzieci karmionych piersią. Nawet kiedy odsetek dzieci karmionych butelką był dużo niższy, pediatrzy mieli dużo więcej doświadczenia z nimi niż z dziećmi karmionymi piersią, po prostu dlatego, że dużo więcej chorowały i częściej pojawiały się w gabinecie. W tamtych czasach biedacy nie chodzili do lekarza, szczególnie jeśli byli zdrowi (zabieranie dziecka do pediatry na „kontrolę" było wręcz nie do pomyślenia). Obecnie ciężko jest zdać sobie w pełni sprawę (chyba, że zna się dobrze kraje Trzeciego Świata, gdzie sytuacja wciąż wygląda tak samo) z ogromnej śmiertelności niemowląt, którą w tamtych czasach pociągało za sobą karmienie sztuczne. Doktor Ulecia cytuje w tej sprawie innego eksperta, doktora Variot z Francji: „Matki, które odmawiają dziecku piersi, szczególnie przez pierwsze dwa miesiące jego życia, i od urodzenia poddają je wyłącznie karmieniu sztucznemu, narażają je na większe ryzyko śmierci, niż ponosi żołnierz na polu bitwy".

Dzieci karmione piersią do pierwszych urodzin chowały się bez problemów, ponieważ mleko matki zawiera wszystkie niezbędne witaminy i składniki odżywcze, a niewielkiej grupie dzieci karmionych pełnotłustym mlekiem krowim zalecano nie przeciążać dodatkowo układu trawiennego. Sytuacja jednak gwałtownie się pogorszyła. Dwadzieścia lat później doktor Roig skarży się, że coraz trudniej jest znaleźć dobrą mamkę, a jego książki pełne są reklam różnych rodzajów mleka modyfikowanego.

W latach trzydziestych dzieci piły mleko produkowane na skalę przemysłową, w którym zmniejszono ilość białek, ale w procesie sterylizacji zniszczono również witaminy. Potrzebowały więc teraz innych pokarmów, przede wszystkim owoców, warzyw i wątróbki, by uniknąć szkorbutu i innych niedoborów witaminowych, a produktów zbożowych i innych domowych produktów spożywczych, by szybko zmniejszyć porcje drogiego sztucznego mleka (w przeciwnym wypadku najbiedniejsze matki wróciłyby do podawania pełnotłustego mleka krowiego, najprawdopodobniej niesterylizowanego, niestrawnego, a czasem przenoszącego prątki gruźlicy).

Nadmiar entuzjazmu doprowadził do zalecania ilości, które dzieciom trudno było zjeść, szczególnie dzieciom karmionym piersią, którym pokarmy stałe do niczego nie były potrzebne.

Wydaje się niestety, że wszyscy eksperci popełnili ten sam błąd: zalecali podawanie dzieciom karmionym piersią takich samych produktów stałych, jak maluchom karmionym butelką.

W latach siedemdziesiątych produkcję mleka modyfikowanego ulepszono już na tyle, że dzieci karmione butelką nie chorowały na szkorbut, krzywicę czy anemię. Sok pomarańczowy nie był już konieczny dla uniknięcia szkorbutu, zaczęto więc dla odmiany zwracać większą uwagę na potencjalne, bardziej subtelne zagrożenia przedwczesnego wprowadzania produktów stałych: alergie i nietolerancje, celiakię... Stopniowo opóźniano wprowadzanie pierwszych kleików – do wieku trzech miesięcy, potem czterech, teraz sześciu. Osobiście podejrzewam, że proces ten jeszcze się nie zakończył – ciekawie będzie obserwować, co szykuje dla nas przyszłość...

EPILOG

A GDYBY NAS KTOŚ ZMUSZAŁ DO JEDZENIA?

Atak Brygady Żywieniowej

Słońce świeciło wysoko na bezchmurnym niebie, a w powietrzu unosił się zapach świeżo ściętej trawy, kiedy Edmundo Tavares zdecydował się wejść do przyjemnej, niedrogiej restauracji *Pod złotym karpiem*. Od stolika dobrze widać było park i kwitnące magnolie, jako doskonały obserwator natury ludzkiej wolał jednak usiąść z boku, ogarniając wzrokiem wnętrze restauracji.

Klientela była nie tylko różnorodna, ale i prawdziwie fascynująca. Naprzeciwko niego otyły, spocony facet opychał się hałaśliwie, aż mu się uszy trzęsły, przerywając tylko po to, by wlewać w siebie niewiarygodne ilości taniego wina. Przez kilka sekund Edmundo jak zaczarowany przyglądał się ruchom jego podwójnego podbródka, bladej masy falującej niczym wydmy z najdrobniejszego piasku. Nie był to jednak spektakl, który mógłby dla kogokolwiek stanowić rozrywkę na dłużej i Edmundo szybko zapomniał o swoim grubym towarzyszu, zwracając z kolei uwagę na bardzo szczupłą, niemal eteryczną dziewczynę przy sąsiednim stoliku. „Szczupła, niemal eteryczna... co za kicz", pomyślał. Ileż to razy czytał taki opis w jakiejś książce i słowo „eteryczna" nabierało w jego umyśle konotacji filozoficznych lub religijnych, w każdym razie nadprzyrodzonych. Teraz, widząc tę bladą dziewczynę, ze wzrokiem zagubionym w Bóg raczy wiedzieć jakich wspomnieniach, nad talerzem niemal nietkniętego makaronu, zrozumiał, że słowo „eteryczny" miało tu dużo bardziej przyziemne znaczenie – po prostu bezcielesny, bo nie posiadający ciała, jak w tym dowcipie z czasów szkolnych: „Jesteś taki chudy, że aż przezroczysty".

Pośrodku sali, obok złotego karpia, którego imię nosił lokal, kilku menedżerów w idealnie dopasowanych garniturach (kobieta wyróżniała się brakiem krawata) prowadziło ożywioną dyskusję nad zestawem statystyk i dokumentów, które niemal całkowicie przykrywały talerze i telefony komórkowe. Edmundo uśmiechnął się, myśląc o cennych umowach poplamionych tłuszczem i pomidorami. Ale nie, to przecież profesjonaliści, na pewno potrafią przeczytać raport nad sałatką jarzynową bez najmniejszej wpadki.

Trochę dalej, w rogu, jakaś para wpatrywała się w siebie jak w obrazek, z dłońmi splecionymi na stole. Teraz znów splata się dłonie na stoliku... jak ta historia się powtarza! A może jego pokolenie miało mało okazji, by splatać to i owo tu i tam? „Czy ja się przypadkiem nie starzeję?", zastanowił się, wspominając inne stoliki, inne dłonie.

Niełatwo było zanurzyć się w marzeniach, bo wciąż na nowo wyrywały go z nich śmiechy i krzyki hałaśliwej grupy studentów, siedzących przy stoliku za jego plecami. Przyjrzał im się dyskretnie, kątem oka. Wygłupiali się głośno, beztrosko, za nic mając konwenanse, bez obawy o śmieszność. Jak zawsze, gdy przyglądał się grupie młodzieży, wydawało mu się, że odnajduje wśród nich znajome twarze, ale odrzucił ten idiotyczny pomysł – nie, oni też mają już po czterdzieści lat.

Właśnie dostał sałatkę, gdy po obszernej jadalni, jak fale po tafli jeziora, rozlała się zimna, pełna napięcia cisza. Budzące postrach czarne mundury Policji Żywieniowej szybko zajmowały stanowiska. Nie widział, żeby zbliżali się od strony parku, na pewno weszli kuchennymi drzwiami. Sześciu agentów pod komendą schludnego, wymuskanego porucznika. Ci młodzi oficerowie prosto z akademii, rygorystyczni służbiści, szukający usprawiedliwienia dla swoich dystynkcji, zawsze byli najgorsi. Ich właśni ludzie byli przerażeni. Nic im nie umknie

Agentka w średnim wieku szybko podeszła do stolika menedżerów. Nie mieli czasu pochować umów i sprawozdań, które zostały natychmiast zarekwirowane. „Przy stole się nie bawimy!". Najmłodszy mężczyzna chciał zaprotestować, ale przerwała mu władczym gestem. Wszelki opór był bezcelowy. Może jeśli wykażą się całkowitym posłuszeństwem i zjedzą bez grymaszenia, zwróci im dokumenty po deserze.

Przy stoliku studentów skończyły się żarty. Zatrzymanie za bycie niejadkiem mogłoby oznaczać hańbę dla rodziny i wydalenie z uniwersytetu. Jedli mocno wyprostowani, w całkowitej ciszy, rytmicznie podnosząc do ust łyżkę lub widelec. Czy nie byli nieco zbyt wyprostowani, nie jedli trochę zbyt harmonijnie? Ramiona unosiły się i opadały z choreograficzną precyzją. Agentka, która ich obserwowała, miała niejasne podejrzenie, że się z niej nabijają, ale chociaż bardzo się wysilała, nie mogła znaleźć w ich zachowaniu nic zdecydowanie nielegalnego, zdecydowała się więc odwrócić tyłem i zignorować grupę. Kilka osób przy sąsiednich stolikach stłumiło uśmiechy uznania – może ta młodzież ma jednak w sobie coś więcej, niż się na pierwszy rzut oka wydaje.

Z kuchni dobiegły ledwie tłumione krzyki. We wszystkich restauracjach natychmiast spuszczano do ścieków wszelkie pozostawione resztki jedzenia, tym razem jednak brak doświadczenia jednego z kuchcików pozwolił PŻ odkryć talerz z niedokończoną porcją canelloni. Przepisy zabraniające pozostawiania jedzenia na talerzu były nieubłagane. Właściciel przechodził sam siebie w wyjaśnieniach.

– Zawsze byłem w porządku, państwo to dobrze wiedzą. Klient odmówił dokończenia posiłku i uciekł, nie mogliśmy temu zapobiec. Nie mieliśmy jeszcze czasu wypełnić formularza zgłoszeniowego, dlatego właśnie zachowaliśmy talerz. Trzeba zrobić zdjęcie do akt... Ale jesteśmy czyści, proszę zajrzeć do kubła na odpadki, pus...

Dramatycznym gestem właściciel wskazał kubeł i słowa zamarły mu na ustach. Resztki potrawki! Nowy kuchcik popełnił kolejny błąd i ten mógł być fatalny w skutkach. Sierżant przewiercała ich wzrokiem, domagając się wyjaśnień. Zanim pozostali ocknęli się z otępienia, wystąpił do przodu drżący kuchcik:

– Musiałem wyrzucić, talerz mi spadł na ziemię. Nie stłukł się.

– Jedzenia się nie wyrzuca! – skarcił go właściciel – Jeszcze jeden błąd i cię zwolnię.

Następnie zwrócił się uniżenie do pani sierżant:

– Jest nowy, coraz trudniej znaleźć dobrze przygotowany personel.

Zadowolony, nie mógł jednak nie zauważyć, jak szybko kuchcik zamaskował swój błąd i wymyślił wymówkę. W tych czasach, zawsze pod groźbą wywłaszczenia i przeniesienia restauracji pod kontrolę bezpośrednią PŻ, przebiegłość i szybki refleks stanowiły cenne umiejętności.

Edmundo Tavares nie tracił z oczu ani jednego szczegółu z wydarzeń, rozgrywających się w sali, nie przestając jednak ani na moment poświęcać swej (na pierwszy rzut oka niepodzielnej) uwagi sałatce. Pogratulował sobie wyboru – było to danie lekkie, ale o dziwo zawsze zyskujące sobie uznanie PŻ. Żywieniowców fascynowała zielenina. Gołąbeczki z kącika od razu przestały trzymać się za rączki, ale nie mogły powstrzymać się od czasu do czasu od spojrzeń pełnych cielęcego zachwytu. Agentka, która tak surowo podeszła do menedżerów, wydawała się teraz skora do pobłażania, ale surowe spojrzenie porucznika przypomniało jej o obowiązkach. Stanęła na baczność przy stole i zaczęła krzykliwie odmierzać rytm.

– Jemy i nie gadamy! Łyżka na talerz, łyżka do buzi, rrrrrraz, dwa, łyżka na talerz, łyżka do buzi, rrrraz, dwa.

Grubas siedzący przed Edmundem był bardzo zdenerwowany i natarczywie przyglądał się policjantom, jednocześnie udając brak zainteresowania. „Próbuje rozpoznać oznaczenia", zrozumiał nagle. „Musi być trochę krótkowzroczny".

Żywieniowe SS (Super Sebum) wymagało wagi powyżej średniej, a im wyższa, tym lepiej, ale pozostawało w ciągłym konflikcie z Żywieniowym SA (Sami Atleci), dla którego idealna waga mieściła się w przedziale od 25 do 75 centyla. Na skutek tych wewnętrznych walk w łonie reżimu, życie osób, których waga znajdowała się powyżej 75 centyla albo pomiędzy centylem 25 a 50, stało się bardzo utrudnione. Nie aż tak trudne jednak, jak tych nieszczęśników, którzy wypadali poniżej 25 centyla – większość z nich zdołała uciec za granicę przed całkowitym zamknięciem przejść granicznych.

Tym razem było to Żywieniowe SS i otyły mężczyzna uspokoił się, jak tylko zyskał pewność. Co więcej, pozwolił sobie na zawsze ryzykowny krok:

– Kelner, ten udziec jagnięcy był doskonały. Mogę prosić o dokładkę?

Niezadowolenie kelnera widać było wyraźnie, ale nie miał wyboru. W obecności PŻ SS w lokalu dokładka była gwarantowana. Właściciel we własnej osobie z uśmiechem podał klientowi nową porcję. Zemsta była subtelna: talerz był całkowicie wypełniony. Widząc to, grubas zbladł – oczekiwał tylko „trochę więcej", ale to było zbyt wiele. A zostawić coś, o co sam poprosił, stanowiło największą zbrodnię.

Właściciel pożałował podstępu, choć było już za późno. Zrozumiał, że prośba o dokładkę nie była próbą wykorzystania sytuacji, a tylko zyskania ochrony. W obliczu prześladowań SA jedynym rozwiązaniem dla osób otyłych było posiadanie dobrych przyjaciół w SS. Nagle zawstydzony, właściciel spróbował dać klientowi drogę ucieczki:

– Bardzo mi przykro, proszę pana, ale budyń śmietankowy nam się skończył – szepnął serdecznie – Musi pan zamówić inny deser. Proponuję sok pomarańczowy.

– OK – odpowiedział grubas, a w jego oczach dało się wyczytać wdzięczność. Może jednak uda mu się zjeść cały udziec jagnięcy. Zabrał się do roboty.

Porucznik stał teraz przy akwarium.

– Czemu ta ryba nic nie je?

– Przed chwilą jadła – odrzekł właściciel przepraszająco – Ale to nic nie szkodzi.

Wyjął coś suchego z paczki pokarmu dla ryb i wrzucił do wody. Karp rzucił się na jedzenie.

– Karpie zawsze zdołają coś jeszcze w siebie wcisnąć. Dlatego właśnie karpia wybrałem na herb mojego lokalu.

Porucznik prawie się uśmiechnął. „To był dobry pomysł, kupić tego karpia", pomyślał właściciel, mając nadzieję, że incydent z potrawką w koszu na śmieci zostanie całkowicie zapomniany.

Zimne spojrzenie porucznika spoczęło już jednak na szczupłej dziewczynie. Cisza stała się jeszcze bardziej złowroga. Dziewczyna nie tylko zdawała się mieścić poniżej 25 centyla (wypchana bielizna nie mogła ukryć szczupłych policzków), ale jej talerz był jeszcze mocno wypełniony, a ona sama jadła rozpaczliwie wolno. Nawet z tej odległości Edmundo widział, że się poci, i wydawało mu się, że słyszy, jak wali jej serce.

Przyjrzawszy się jej dobrze przez kilka ciągnących się w nieskończoność sekund, porucznik skinął na jednego z agentów, który zdecydowanym krokiem zbliżył się do dziewczyny.

– Proszę, niech pani trochę zje, przecież to takie dobre. O tak, baaardzo dobrze. Musi pani urosnąć i nabrać trochę ciałka na tych kosteczkach. No dalej, jeszcze jedna łyżeczka, o taaaak, od razu się pani robi ładniejsza, kiedy pani tak ładnie je. Zmęczona, moje słońce? Pomogę pani, proszę mi podać widelec. Proszę spojrzeć, leci samolocik, wrrrrr wrrrrrrr! Samolocik z kluseczkami dla mojej dziewczynki! Bardzo ładnie! Proszę spojrzeć, ptaszek na oknie, jaki ładny ptaszek. Widzi pani, jak otwiera dziobek? Baaardzo ładnie, jeszcze troszeczkę. Ten kawałeczek za babuuuunię, ten za tatuuuunia... No dalej, nie będziemy zostawiać takich dobrych kluseczek. Kucharz tyle serca włożył w to, żeby je przygotować. Właśnie tak, świetnie, już niedużo zostało. Nie chce pani iść po południu do kina? Najpierw trzeba dokończyć jedzonko, żeby mieć duuuużo siły. Ach, jak ślicznie, jak pięknie moja dziewczynka zjada!

Powoli, z trudem, makaron znikał, a agent PŻ zebrał sos na chleb i włożył przerażonej kobiecie do ust. A został jeszcze befsztyk z kartoflami! Edmundo, jak i wielu innych gości restauracji, wstrzymał oddech. Wyraźnie było widać, że dziewczyna nie da rady zjeść całego drugiego dania.

Kelner przyniósł mięso. Nałożył najmniejszy możliwy befsztyk i minimalną ilość ziemniaków i rzucił dziewczynie porozumiewawcze spojrzenie. Kobieta ledwie wydusiła z siebie uśmiech wdzięczności – porcja i tak mocno przekraczała jej możliwości, i kelner to wiedział. Nie mógł jednak bardziej się narażać – zdarzało się nieraz, że PŻ kazała ważyć podejrzanie małe porcje.

Agent pokroił mięso na maleńkie kawałeczki i na nowo podjął swój niewyczerpany monolog. Każda łyżeczka wchodziła jednak z większą trudnością i z każdą chwilą bardziej namacalne stawało się przerażenie dziewczyny i złość agenta. Edmundo, tak jak inni klienci, starał się skupić na własnym talerzu i rytmicznej wędrówce widelca. Nie widzieć, nie słyszeć, nie myśleć. Po prostu przeżyć. Ileż to razy Edmundo marzył o dokonaniu heroicznego gestu w przypływie poczucia godności – wstać i krzyknąć: „Zostawcie tę panią, zostawcie ją w spokoju!”. A zamiast tego musiał przełknąć własne tchórzostwo i słuchać, jak policjant mówi do kobiety:

– Widzi pani, jak ten pan ładnie je? On jest taki grzeczny! No dalej, musi pani urosnąć duża, tak jak ten pan!

Dziewczyna ze wzrokiem wpatrzonym gdzieś w przestrzeń mechanicznie otwierała i zamykała usta, a dwie łzy ześlizgiwały się po niebezpiecznie nadymających się policzkach. „Już od dawna nie połyka", pomyślał Edmundo. Nagle, do wtóru przerażającego dźwięku, czegoś pomiędzy kaszlnięciem a odgłosem wymiotów, kobieta wypluła suchą, żałośnie przeżutą kulkę mięsa.

– Poruczniku, ona robi kulkę z jedzenia!

Oficer zbliżył się zdecydowanym krokiem. Niezręczną ciszę przerwał dźwięk wymierzanego policzka. „To koniec", pomyślał Edmundo. Koniec samolocików i miłych słów. Dla terrorystów KULKi (Kampanii na rzecz Uwolnienia i Liberalizacji Karmienia) nie było litości. Wiedział, co będzie dalej: zmuszą ją do połknięcia obrzydliwej kulki i reszty mięsa. Będą jej otwierać usta siłą, dwoma żelaznymi palcami wciskając jej policzki między zęby tak, że gdyby chciała je zamknąć, musiałaby sama siebie ugryźć. Będą ją tuczyć aż do wymiotów, zwymiotuje na talerz i każą jej na nowo zjeść własne wymiociny. Przerażony Edmundo zamknął oczy, oddychał powoli i głęboko, starając się sam nie zwymiotować do wtóru rozpaczliwych krzyków dziewczyny:

– Ja już nie chcę! Już nie chcę! Już nie chcę!

Edmundo zmusił się do otwarcia oczu. Ciemność. Nagle zrozumiał, że to był tylko sen. „Co za idiotyczny sen", pomyślał. „Policja Żywieniowa. Kto mógłby wymyślić coś takiego?". A mimo to wciąż był spocony i niespokojny. To się wydawało takie rzeczywiste. Szczególnie ten ostatni krzyk.

– Już nie chcę! Już nie chcę!

Znowu! Znów to słyszy! Dreszcz przerażenia przebiegł mu po krzyżu. Ale nie, to nie był sen. To jego dwuletnia córka, Vanesa, która w sąsiednim pokoju krzyczała przez sen. Dziwne, czy to możliwe, żeby śniło nam się to samo? Nie, skąd, pewnie się obudziła. To znaczy, że pewnie ja krzyczałem przez sen, a ona to powtarza, żeby zwrócić na siebie uwagę. Co za...! No naprawdę, te dzieci to spryciule. I lekarz nas uprzedzał, kiedy wyjaśniał, jak nauczyć ją spać, uprzedzał, że będzie próbować wszystkiego, żebyśmy tylko poszli w nocy do jej pokoju. Ja tam nie zamierzam chodzić, ani mi się śni. Musi się nauczyć spać sama, dość już tego robienia nas w konia.

Musimy też któregoś dnia zapytać pediatrę o to jedzenie. Je coraz mniej, a teraz na dodatek strasznie niechlujnie. Coś z tym dzieckiem trzeba zrobić.

BIBLIOGRAFIA

1. Illingworth, R. S., *The normal child. Some problems of the early years and their treatment*, Wyd. 10., Churchill Livingstone, Edynburg, 1991.
2. Fomon, S. J., *Nutrición del lactante*, Mosby/Doyma Libros, Madryt, 1995.
3. Van Den Boom, S. A. M., Kimber, A. C. i Morgan, J. B., *Nutritional composition of home-prepared baby meals in Madrid. Comparison with commercial products in Spain and homemade meals in England*, Acta Pædiatr., 1997, 86: 57-62.
4. Butte, N. F., Wong, W. W., Hopkinson, J. M., Heinz, C. J., Mehta, N. R. oraz Smith, E. O. B., *Energy requirements derived from total energy expenditure and energy deposition during the first 2 years of life*, Am. J. Clin. Nutr., 2000, 72: 1558-1569.
5. Dewey, K. G., Peerson, J. M., Brown, K. H. et ál., *Growth of breast-fed infants deviates from current reference data: a pooled analysis of US, Canadian, and European data sets*, Pediatrics, 1995, 96: 495-503.
6. WHO, Working Group on Infant Growth. *An evaluation of infant growth*, Dokument WHO/NUT/94.8, OMS, Genewa, 1994.
7. Dewey, K. G., *Growth patterns of breastfed infants and the current status of growth charts for infants*, J. Hum. Lact., 1998,14: 89-92.

8. Von Kries, R., Koletzko, B., Sauerwald, T., Von Mutius, E., Barnert, D., Grunert, V. oraz Von Voss, H., *Breast feeding and obesity: cross sectional study*, BMJ, 1999, 319: 147-150.
9. Grummer-Strawn, L. M. i Mei, Z., Centers for Disease Control and Prevention Pediatric Nutrition Surveillance System. *Does breast-feeding protect against pediatric overweight?* Analysis of longitudinal data from the Centers for Disease Control and Prevention Pediatric Nutrition Surveillance System, Pediatrics, 2004, 113: 81-86.
10. Räihä, N. C. R. i Axelsson, I. E., *Protein nutrition during infancy. An update*, Pediatr. Clin. N. Amer., 1995, 42: 745-764.
11. Howie, P. W., Houston, M. J., Cook, A. et ál., *How long should a breast feed last?*, Early. Hum. Dev., 1981, 5: 71-77.
12. Woolridge, M. W., *Baby-controlled breastfeeding: Biocul-tural implications*, w: Stuart-Macadam, P. i Dettwyler, K. A., Breastfeeding, biocultural perspectives, Aldine de Gruyter, Nowy Jork, 1995.
13. Woolridge, M. W., Ingram, J. C. i Baum, J. D., *Do changes in pattern of breast usage alter the baby's nutrient intake?*, Lancet, 1990, 336: 395-397.
14. Birch, L. L. i Fisher, J. A., *Appetite and eating behavior in children*, Pediatr. Clin. North. Am., 1995, 42: 931-953.
15. Birch, L. L., Johnson, S. L., Andresen, G. et ál., *The variability of young children's energy intake*, N. Eng. J. Med., 1991, 324: 232-235.
16. Shea, S., Stein, A. D., Basch, C. E. et ál., *Variability and self-regulation of energy intake in young children in their everyday environment*, Pediatrics, 1992, 90: 542-546.
17. Fisher, J. O. i Birch, L. L., *Restricting access to palatable foods affects children's behavioral response, food selection, and intake*, Am. J. Clin. Nutr., 1999, 69: 1264-1272.
18. ESPGAN, *Committee on Nutrition, Guidelines on infant nutrition. III. Recommendations for infant feeding*, Acta Pædiatr. Scand., 1982, suppl. 302.

216

19. *Complementary feeding: A comentary by the ESPGHAN Committee on Nutrition*. J. Pediatr. Gastroenterol. Nutr., 2008;46:99-110.
20. American Academy of Pediatrics Committee on Nutrition. *On the feeding of supplemental foods to infants*, Pediatrics, 1980, 65: 1178-1181.
21. American Academy of Pediatrics Section on Breastfeeding, *Breast-feeding and the use of human milk,* Pediatrics, 2005, 115: 496-506. http://aappolicy.aappublications.org/cgi reprint/ pediatrics;115/ 2/496.pdf
22. American Academy of Pediatrics Work Group on Breastfeeding, *Breast-feeding and the use of human milk*, Pediatrics, 1997, 100: 1035-1039.
23. UNICEF, OMS, UNESCO,FNUAP, PNUD, ONUSIDA, PMA, Banco Mundial. *Para la vida*, Wyd. 3., 2002. http://www.unicef.org/spanish/ffl/
24. Cohen, R. J., Brown, K. H., Canahuati, J. et ál., *Effects of age of introduction of complementary foods on infant breast milk intake, total energy intake, and growth: a randomised intervention study in Honduras*, Lancet, 1994, 343: 288-293.
25. Klaus, M. H., *The frequency of suckling. A neglected but essential ingredient of breast-feeding*, Obstet. Gynecol. Clin. North. Am., 1987, 14: 623-633.
26. Daly, S. E. J. i Hartmann, P. E., *Infant demand and milk supply. Part 2: The short-term control of milk synthesis in lactating women*, J. Hum. Lact., 1995, 11: 27-37.
27. Weile, B., Cavell, B., Nivenius, K. i Krasilnikoff, P. A., *Striking differences in the incidence of childhood celiac disease between Denmark and Sweden: a plausible explanation*, J. Pediatr. Gastroenterol. Nutr., lipiec 1995, 21: 64-68.
28. Ivarsson, A., Hernell, O., Stenlund, H. i Persson L. A., *Breast-feeding protects against celiac disease*, Am. J. Clin. Nutr., 2002, 75: 914-921.

29. *Complementary feeding: A comentary by the ESPGHAN Committee on Nutrition*. J. Pediatr. Gastroenterol. Nutr., 2008.
30. American Academy of Pediatrics, Committee on Nutrition. *Hypoallergenic infant formulas*. Pediatrics, 2000;106:346-349.
31. Complementary feeding: A comentary by the ESPGHAN Committee on Nutrition. J. Pediatr. Gastroenterol. Nutr., 2008.
32. Greer F. R., Sicherer S. H., Burks A. W., American Academy of Pediatrics Committee on Nutrition; American Academy of Pediatrics Section on Allergy and Immunology. *Effects of early nutritional interventions on the development of ato-pic disease in infants and children: the role of maternal dietary restriction, breastfeeding, timing of introduction of complementary foods, and hydrolyzed formulas*. Pediatrics, 2008;121:183-191.
33. Macknin, M. L., Medendorp, S. V. i Maier, M. C., *Infant sleep and bedtime cereal*, Am. J. Dis. Child., 1989, 143: 1066-1068.
34. Comité de Lactancia Materna de la AEP. *Recomendaciones para la lactancia materna*, 2008. http://www.aeped.es/pdf-docs/lacmat.pdf
35. Fernández Núñez, J. M., Sendín González, C., Herre-ra, P. et ál., *«Doctor, el niño no me come», como demanda de consulta*, Atención Primaria, 1997, 20: 554-556.
36. Comité de Nutrición de la Asociación Española de Pediatría, *Indicaciones de las fórmulas antirregurgitación*, An. Esp. Pediatr., 2000, 52: 369-371.
37. American Academy of Pediatrics, Committee on Nutrition, *The use and misuse of fruit juice in pediatrics*, Pediatrics, 2001, 107: 1210-1213.
38. Sanders, T. A. B., *Vegetarians diets and children*, Pediatr. Clin. N. Amer., 1995, 42: 955-965.
39. Norris, J., *Vitamin B12 Recommendations for Vegans*, http://www.veganoutreach.org/health/b12rec.html
40. Hood, S., *The vegan diet for infants and children*.

41. Bowlby, J., *Vínculos afectivos. Formación, desarrollo y pérdida*, Ediciones Morata, Madryt, 1986.
42. Dewey, K. G. y Brown, K. H., *Update on technical issues concerning complementary feeding of young children in developing countries and implications for intervention programs*, Food. Nut. Bull., 2003, 24: 2-28.
43. Ulecia y Cardona, R., *Arte de criar a los niños*, Wyd. 2., Administración de la Revista de Medicina y Cirugía Prácti-cas, Madryt, 1906.
44. Puig y Roig, P., *Puericultura o arte de criar bien a los hijos*, Librería Subirana, Barcelona, 1927.
45. Goday, S., *Alimentació del nen durant la primera infància*, Monografies Mèdiques, 19, Barcelona, 1928.
46. Roig i Raventós, J., *Nocions de puericultura*, Wyd. 4., Políglota, Barcelona, 1932.
47. Roig i Raventós, J., *Nocions de puericultura*, Wyd. 5., Políglota, Barcelona, 1936.
48. Roig i Raventós, J., *Nocions de puericultura*, Wyd. 7., Políglota, Barcelona, 1947.
49. Ramos, R., *Puericultura. Higiene, educación y alimentación en la primera infancia*, tom I, Barcelona, 1941.
50. Blancafort, M., *Puericultura actual*, Bruguera, Barcelona, 1979.
51. Muñoz, J., *¡¡Madre... cría a tu hijo!!*, Barcelona, 1941.

ISBN: 978-83-65087-24-9